家で死んでもいいんだよ

高齢者を家で看取るための「お別れプロジェクト」

東京有明医療大学 看護学部 看護学研究科 教授
川上嘉明《かわかみよしあき》 著

執筆協力
坂戸鶴ヶ島医師会 在宅医療相談室 室長
清野 恵理子

法研

はじめに

今、日本では1年間に約140万人が死亡しています。その死亡数を365日で割ると、なんと1日あたり約3800人の人が亡くなっている計算になります。

今から20年後の2040年、国内の死亡数はピークを迎えるという推計があります（国立社会保障人口問題研究所、2017）。それによれば、年間160万人を超える人が亡くなります。そして、そのうち75歳以上の後期高齢者死亡が85％を占めると予測されています。多くの方が75歳を過ぎるまで長生きをし、高齢になって死に至る時代になっていきます。

さて、この本を手に取られた皆さまは、どこで最期を迎えたいとお考えですか？

国民に向けたさまざまな調査では、希望する死亡場所として5割以上の方が「自宅」と返答しています。私は全国各地で看護職員の方々、介護職員の方々、地域ケアに従事される方々に同じ質問をしますが、8割以上の方々は「自宅」と返答されます。

人の死に関わる仕事をしている専門家も「自宅」と返答する方が多いのですから、やはり「自宅」、つまり自分の「家（いえ）」は、死に場所としては人気が高いと考えられます。

さて、現実はどうかというと、国民の5割の方々が自宅死を希望していながら、実際に自宅死する人は年間死亡数の1割強に過ぎないのです。そして、複数の地域での調査結果によれば、その自宅死の約半数は「異状死」として扱われ、事件性の有無を調べるためいわゆる警察沙汰となっていました。

地域ケアの専門職として、私はこうした警察が介入した場面に何回か同席しました。家族であっても現状保存のためご遺体に触れることができず、警察官から近況などについて尋問をされる様子は、ただならぬ雰囲気となります。息を引き取った本人はそのままの状態に置かれ、見知らぬ警察官たちが家の中に上がり、あれこれ調べる様子には違和感があります。

望みどおりの自宅死をめざすためには、具体的な準備が必要です。家での看取りは、「段取り八分」だと考えています。準備を整えていれば大きな混乱とならないどころか、とてもよい看取りが実現できます。また看取りの体制を整えれば、家族だけでがんばる必要もありません。

本人、そして家族に求められることは、家で最期を迎えたい、また看取るという思いを強くもっていただくことです。「この家で最期を迎えたい」また「家で看取る」という強い思いと、それを支えるケアチームの体制づくりがマッチしたとき、家で看取るプロジェクトは、希望が現実となる成果をあげられます。

『家で死んでもいいんだよ』という本書は、家で最期を迎えたい高齢者とそれを支える家族、看取りのケアを提供する人たち、またひとりで逝《い》きたいと考える方々に向けて書かれています。家で死に至ること、その死を看取ることに、具体的な展望を見ることができればと考えたからです。

まず家で看取ることの意義を「パート1　心がまえ編」でしっかりとおわかりいただくことが大切だと思っています。高齢者が穏やかに最期を迎える場所として、家は最良の場所の代表格となります。

次に家での看取りを実現に移すためのステップとして、「パート2　準備編」でその具体策を実際の手順に沿って書いています。看取りは「段取り八分」ですが、そのための「体制づくり」と「家族の覚悟」は看取りの重要課題となります。

「パート3　実践編」は実際に看取りを進める際、家族が戸惑うことのないよう死に至る高齢者の一般的な変化と、それらへの対処の考え方や具体的な方法を書いてあります。

そして、看取りが終結する最期のまさに「そのとき」から、看取りが終わったあとのことについて「パート4　終結編」にまとめました。看取りの苦しみは家族の苦しみです。残された家族もまた、ケアが必要です。

ところで、「看取り」という言葉は、一般的にふたつの意味で使われています。

元来「看取り」は、「病人のそばにいて世話をする」「死期まで見守る」「看病する」というケアそのものを表す言葉でした。いっぽう、病院では看護師が「今晩、看取りになりそうな患者さんはふたりです」と言うなど、「死亡」そのことを看取りと表現することがあります。

本書では、死そのものを指すのではなく、死ぬときまで世話をするといった意味で「看取り」という言葉を使っています。

家で看取りを進めたいと思う方々が、看取りにおいて直面するさまざまな課題を、ふわっと乗り越えていくための希望、そして活用できる知識と知恵の書になれば、望外の喜びです。

＊本書に紹介した事例は個人が特定されないよう、重要な部分は残して細部を改変しております。

もくじ

パート3 実践編

パート1

心がまえ編

死なんて、縁起
でもない、考え
たくない

家で看取るなん
て、やっぱり怖く
てできない

死を語ることは
不謹慎である

死ぬときは苦し
むから、家や家
族では対処でき
ない？

専門家に任せ
ることが一番
でしょ

自宅死は警察
沙汰になる？

家で看取りが
できる気がし
ない

家族だけで看取
るのは、介護力
からも無理

病院に行かないこ
とは、生きること
をあきらめること
のような気がする

「家で死ぬ」ことが目的ではないのです

「人」は死ななければいけないのでしょうか？

- □人は生物の一種である
- □生物である人には死ぬプログラムが刻まれている
- □死ぬことで新しい生命が未来を生きていくことができる

人の最大寿命は120年といわれている

私たちは「人」です。「人」といっても、地球上に生息する生物の一種です。学問の分類名では、ホモ・サピエンスと呼ばれます。どんなに長く生き続けても時間的な限界があり、その限界時間は「限界寿命」または「最大寿命」といわれます。人の最大寿命は120年だそうです。公式に記録がある最高年齢の記録保持者はフランスの女性で（2018年現在）、122歳まで生きていました。

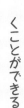

多くの人はその限界寿命に達する前に亡くなっていきます。「人」は死ななければならないのでしょうか？　いつまでも生きていることはできないのでしょうか？

地球上の多くの生物にはオスとメス、人の世界でいうところの男と女という「性」があります。動物も植物（被子植物）も、その異なる性が合体し受精することによって子孫が生まれます。私たちもそのようにしてこの地球上に生まれました。

そして、現在生存している私たちは、バトンを持って走るリレー走者に似ています。走っているのは私たち自身、バトンは私たちの「命の設計図（ゲノム）」です。

人は「命の設計図」を子孫につないでいく役割をもつ

私たちはいつまでもこの世を走り続けていたいと思うかもしれません。加齢や老化と戦い、生涯現役でいたいと思います。

いっぽう生物の本質は、この地球上に生き続けることではありません。生物の本質、つまり私たち人の本質は、その生命が連続して途切れないことにあります。子孫を残すことで「命の設計図（ゲノム）」を引き渡し、継承されていくものこそ生物です。

生物には、「性があること」とセットになって「老化から死に至るプログラム」が刻まれています。植物が受粉し、次に芽を出す種《たね》に「命の設計図」を引き渡せば、植物は自ら枯れていきます。枯れるからこそ、その場所で新しい種は芽を出し生い茂ることができます。死があることで地球上には生物があふれ、互いの生存を脅かすといったことがなく、新しい生命は生きていけます。

我々自身の死によって、心身ともに更新された生命は、命の設計図というバトンを持って力強く地球上を走り続けていくことができます。人には死があるからこそ、人の生命は連続して途切れずに続いていくことができるといえます。

「死」があることで、次の新しい命をつないでいけるのですね。

「死」は怖いことなのでしょうか？

- □多くの国民は、人の死を見ることがなくなった
- □死を実際に目の前で見ると、「怖い」という思いはなくなる
- □看取りの中身をあらかじめ知っておくことがよい

人が死んでいく姿を見る経験がなくなっている現代人

70年ほど前の日本では、家で死ぬことのほうが日常的でした。死亡数全体の80％以上が自宅死であり、病院死はわずか1割程度でした（1951年の統計）。

やがて、国民の誰もが医療を受けられるようになると自宅死は減少し、逆に病院死が死亡数全体の8割近くを占めるようになってきました（▼図1）。

そのため、多くの国民は人が死んでいく姿を見た経験がありません。実際の死を見た経験がない人は、死は怖いことと思うでしょう。そして特に家族などの身近な人の死は、できるだけ現実から将来へ「先延ばし」にしたいと思うかもしれません。また、そうした死への対応は、専門家の誰かにお願いしてしまいたいと思うかもしれません。

介護職員へのアンケートから見えてくること

現在、看取りの専門家といわれる人は、医療に携わっている医師や看護師といった医療従事者、また最近では高齢者施設や地域の介護現場で働く介護職員の人たちです。特に施設や地域で働く介護職員は、数カ月から年単位といった比較的長い期間にわたり高齢者のケアをしたあと、看取りを経験しています。

【図1】戦後の死亡数と死亡場所の推移

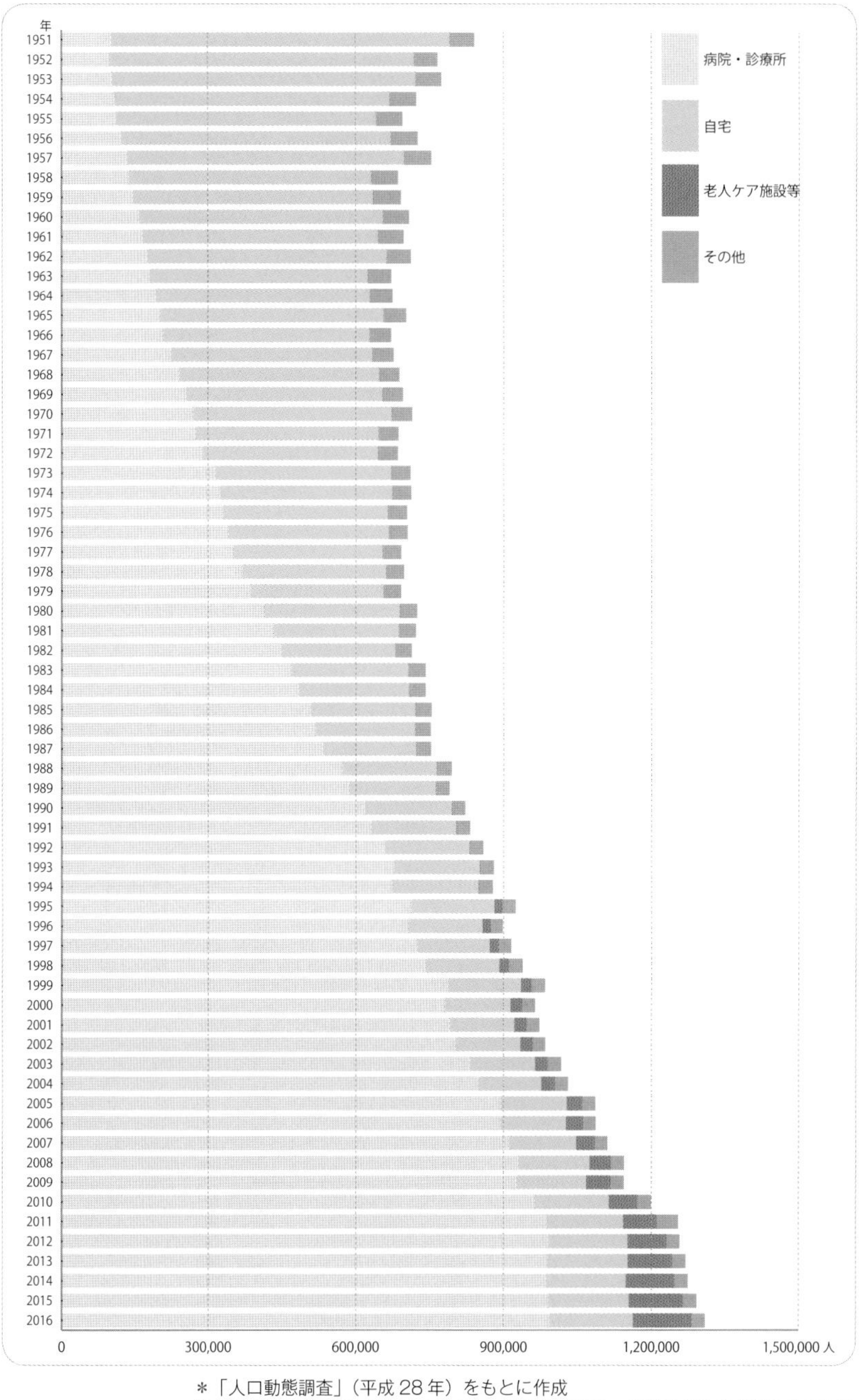

＊「人口動態調査」（平成28年）をもとに作成
注：平成6（1994）年までは老人ホームでの死亡は、自宅またはその他に含まれる

その看取りに携わった介護職員に対し、私が行ったアンケート調査（対象者141名）では、次のような声が聞こえてきました。

「体が、生命の終わる準備をしているのだと思いました」
「枯れるように亡くなられたので、自然なことだと思った」
「高齢のため、自然の摂理かと思った」

介護職員の中には20歳代の若い人もいますが、高齢者の死をありのまま受け止めているように見えます。「死が怖い」といった感想はひとつもなく、看取りを否定したり後悔したりする意見はまったくありませんでした。

また、同じ介護職員らに自分自身が死亡場所としてどこを望んでいるか尋ねたところ、家で看取られることを希望すると返答した介護職員が全体の8割を占めました。

病院死を希望した介護職員は141人のうち2人、介護施設を希望すると返答した介護職員は、4人にとどまりました。その他の介護職員は、「死に場所にこだわらないが家族や知り合いに囲まれて死にたい」、「穏やかに死ねるところならどこでもいい」などと回答していました。

人は「見たことがない、知らないことほど怖い」のかもしれません。実際に経験する前に「死」とその看取りについて知っておけば、死の怖さは少なくなるのではと考えています。

知らない土地へ行くときにはその土地を紹介したガイドブックが役に立つように、この本によって看取りの中身を知ることは、怖さを軽減するひとつの解決方法になると考えています。

死ぬときは苦しいのでしょうか？

□死に至る際には、さまざまな苦しみが起こることは避けられない
□死に向かう命をとどめようとする努力が、本人に苦痛をもたらすことがある
□死を受け入れる覚悟や準備が、死ぬときの負担を軽減する

身体的、心理的にも通過せざるを得ない苦しみはある

医療職のひとりとして私も病院で、施設で、在宅で、多くの人の死を目の前で拝見しました。高齢者施設に勤務をしていたときには、高齢者が施設に入所してからの変化を見続け、そして高齢者ご本人の呼吸が止まるまでの時間をご家族と一緒に過ごし、その様子をつぶさに見てきました。

そして今、自分が死ぬとき「どこで死にたいか」と本心を聞かれたら、「家で最期を迎えたい」と答えます。将来、自分の看取りに関わってくれる人たちのためにも、本書を書いているともいえます。

それでは、死に至るときは「苦しい」のでしょうか。死に至る本人の苦痛として、痛み、呼吸困難、全身倦怠《けんたい》感などがあります。これらの身体的な苦しさの程度は患っている病気や症状、そのときどきの状態によってさまざまです。

また本人の心に関する苦痛として、自分がこの世から消えてしまうこと、大切な家族と別れてもう会えないことなどが、本人を苦しめるかもしれません。死ぬときには、身体的にも心理的にも通過せざるを得ないさまざまな苦しみが起こると考えられます。

苦しみの中でも周囲との関係性によってもたらされる苦痛があります。その苦痛はときに重大であり、

死に至る本人に余計な負担を与えているように見えることがあります。

危篤に陥った患者さんに家族がとってしまいがちな態度

　病院に勤務していたとき、危篤《きとく》に陥った高齢患者さんの病床にかけつけ、「がんばって！　息をして！」と連呼するご家族を見てきました。

　また、家族のメンバーがそろうまで、つまり家族全員が「死に目に会える」までなんとか生かしてほしいと医師に懇願する家族がいました。

　医療者は心臓マッサージ等の「延命措置」を、家族らの気持ちがおさまり、納得またはあきらめの様子が見えるまで続けました。

　施設で暮らしていたある高齢者は、口からの飲み込みが悪くなり食事がほとんどできなくなりました。そのままでは生き続けることは難しいため、ご家族はお腹に穴をあけ胃に管をとおして栄養を補給する「胃ろう」という栄養法を選びました。

　しかし、その管から栄養剤を注入しようとするたび、ご本人は出ない声をふりしぼり「いやー、いやだー」と注入ボトルと胃の管をつないだ看護師を交互に見て、怒りの形相で訴えました。

　人の死を受け入れることは、その人が大切な人であるほど厳しいことでしょう。到底受け入れられるものではありません。しかし、終わりに向かっている命を、生にとどめようとする周囲の努力がかえって本人の苦痛を増強させる、死ぬときを苦しくしてしまうことがあります。

　「家で最期を迎える」ということは、死に向かう生命の状態を受け入れ、具体的に準備をすることです。そうした「覚悟」と「決断」、そして具体的に準備を整えることは、死に至るご本人に余計な苦しみを負わせないことにつながります。

なぜ家で看取ることがよいのですか?

□死に至るまでには、それぞれの苦しみの波を乗り越えていかなければならない
□家で最期を迎えることが重要な目的ではない
□目的は死に至る経過をできる限り穏やかに乗り切ること。家はその有効な手段

家で看取ることの優れている点

この本のタイトルは、「家で死んでもいいんだよ」です。家で最期を迎えてもいいし、そうでなくてもいいといったように、ふわっと看取りを乗り越えられればいいという気持ちを込めています。

家での看取りを、無理に勧めるつもりもありません。ただ、「本人の苦痛が軽減する」など、家での看取りには優れていることがたくさんあり、それらをお伝えしたいのです。

死ぬときは苦しむのではないかという恐怖や、実際の苦しみを完璧に除くためには、苦痛がゼロになるよう薬物で眠らせてしまったり、意図して命を終わらせたりすることが確実であると考えられます。

要件を満たせば人為的に生命を絶つことが合法となっている国や地域もあります。しかし、生きているうちは苦しみの波をうまく乗り越えながら、できるだけ自分の思いどおりに最期まで生きることに多くの方は同意されるのではないでしょうか。

人が死に至るとき、それまで経験したことのないさまざまな苦痛が伴うと考えられます。身の置きどころのない倦怠感《けんたいかん》や呼吸が苦しいといった身体的な苦しさ、この世から消えてしまうことの恐怖、大切な人と別れなければならないといった心の痛み、家

族に迷惑をかけてしまっているという苦しい気持ちなどです。こうした苦痛に対し、入院して症状を和らげる治療を受ける、また、さまざまなタイプの施設に入院または入所するという選択も現実的な方法です。

死に至るまでの経過を自分らしく穏やかに乗り切るために

死に臨む際、先行きの不安や痛みが強くなるのではないかといった恐怖を抱える状況にあるほど、苦痛は増強します。

苦しいときには、誰でも自己中心的になります。こうした苦痛や恐怖に対し、遠慮することなく自分の思いを打ち明けることができ、自分中心でいることが許される「家」という場所は、最期まで生きるための最良の場所のひとつとなります。

何がなんでも家で最期を迎えることが目的であるということではありません。死に至るにあたって大切なことは、死ぬ「場所」ではないと考えます。

家で死ぬことは目的ではなく、ひとつの手段です。可能な限り家で過ごし、家族の負担が限度を超える前に病院等に移す「ときどき入院　ほぼ在宅」という過ごし方もあります。

死に向かっていくときの大切な目的は、死に至るまでの経過をいかに穏やかに乗り切るかということです。その選択のひとつとして自分が支配する領域であり、ありのままの自分でいられる家は、死にゆく本人が最期の「そのとき」まで穏やかに過ごすために、最適な場所のひとつとなります。

自分らしくいられる場所（家）で、自分らしく死を迎えられたらいいですね。

「家」＝安心して食べないでいられる場所

終末期がんのある患者さんは家に戻ってこられ、開口一番「ああ、これで食べなくてもいられる」とホッとしたようにつぶやきました。

食欲のない本人がなんとか食べられるようにと病院の看護師はさまざまな方法を試したようですが、それがご本人には苦痛の原因となっていたようです。

またある高齢の患者さんは、入院をしていても微熱がおさまらず食事がとれなくなっていました。娘さんたちは家での看取りを覚悟し、点滴を抜いてもらって連れて帰りました。そのまま飲まず食べず２日ほど経過したところ、バナナを１日に半分ずつ食べるようになりました。数日後、自分の手でバナナを持ち、まるごと１本食べるようになり、とうとうベッドから起き上がれるようになりました。

自分が思うように過ごせる家では、本人にとって過剰である「標準」を拒否することが可能です。拒否の結果、本人の苦痛が除かれ、ときに回復へと展開することもあります。このケースでは、家が安心して「食べないでいられる場所」となったのです。

家で看取ることをお勧めする理由

家は最期まで「自分らしく」生きられる場所

- □死は思いどおりにコントロールできない
- □死に至るまでの生き方は、自律的に選択ができる
- □家は、自分らしく思いどおりに最期まで生きられる場所となる

どうやって死にたどり着くかを自律的に選択したい

テレビドラマや演劇に登場する役者は、家族がむせび泣くなか、最後に感謝の言葉を伝え、目を閉じたかと思うと急に首がガクッと力を失い死んでいきます。しかし、こうした死に方を私は見たことがありません。

実際の死はどうかというと、「静かになったなぁ」と気がついたら呼吸が終わっていたり、ふとその場を離れた隙《すき》に息を引き取っていたり、死ぬ瞬間は静かでむしろ呆気《あっけ》ないほどです。

また、赤ちゃんがいつどのように生まれてくるかといった生命の誕生と同様に、いつ、どのように死ぬかといったことは人が操作できないため、その具体的なタイミングや死に方は専門家でも死を見るまでわかりません。

人の死は偶然の結果でしかなく、いつ、どのようにと操作できる死は自殺だけではないでしょうか。

私たちができることは、死までどう生きるか、どう死にたどり着こうとするかという自律的な選択です。

家で自分らしく死を迎えた人の2つの事例

迫る死を受け入れ、本人の意思によって死まで家で過ごすことを選択した例を2つご紹介します。

それまで大酒を飲んできたせいでしょう。そのご高齢の女性はアルコール性の肝硬変のためお腹が腹水でパンパン、娘たちに支えられてやっと歩行していました。そうしてベッドからダイニングルームの席まで移動し、大好きなオオトロ、ウニを介助で食べ、2～3杯の焼酎をストローで飲み、満ちたりた表情を見せておられました。

完治しないのなら病院で苦しい治療を受けているより、家で思いのまま生活したいと、本人は訴えました。家族はそうした本人の希望と選択を受け止め、本人が「心地よい」「気持ちよい」と思うことだけして最期まで支える覚悟をしました。

徐々に食べられる量が減り、それと同時に全身のむくみも減っていきました。死の2時間くらい前から、それまでの息苦しそうな様子もなく静かに眠るようになっていました。本人の顔色が黒いことに家族が気づいたときには、すでに亡くなっていました。

死後のケアを家族と一緒に行い、本人自慢の和服を着せ、帯を締めていたとき、娘さんは「これで満足しました」とおっしゃいました。

もうひとつの例は、テレビ番組で放映された少女の話です（「ある少女の選択 ～18歳〝いのち〟のメール」NHK）。その少女は8歳で心臓移植の手術を受けてから10年後、重症の腎不全に陥ったのですが、人工透析《とうせき》という残された治療を自分の意思で拒否し18歳で死に至りました。少女は、「命は長さではないと思うのよ」と両親に伝え、自分の意思にしたがって「ふつうに家族3人で暮らす」という選択をしました。治療を続けるのではなく最期の「そのとき」まで、

「自分らしく生きたい」と両親に訴え、希望どおり「家族3人で暮らしながら」死を迎えたのでした。

家で死を迎えたこの2人の女性たちは、「死に方」を選んだのではありません。2人は「家族と家で生活する」という生き方を自律的に選択したにすぎません。その結果、いつ、どのように死に至るのか、本人たちも予測はできなかったでしょう。

選んだ生き方によって、「命の長さ」は短くなったかもしれません。しかし、2人にとって「命の長さ」と「思いどおりに生きる」ことを天秤にかければ、後者が重要であったといえます。自分の思いどおりに生きるために、家族がいる家は最適の場であったのです。

「死に方」を選ぶということは「生き方」を選ぶことなのですね。

生きていること、それは私にとって残酷なこと…

徐々に身体が衰え死に至る病気にかかった20代の女性患者さんは、病院のベッド上で自力では寝返りもできないまま「いつまで生きられるのかしら……」と看護師の私に問いかけました。まだ病気の告知が一般的でない時代のことであり、死が避けられないことを知らされていなかった彼女を元気づけようと、「よい看護をしますから、まだまだ生きられますよ」と返事をしました。

するとそれまでの遠くを見つめているような表情を途端にこわばらせ、「あなたって、残酷《ざんこく》なことを言うのね」と眼光鋭く私に言い放ったのです。彼女にとって、生きていること、それ自体が酷いことだったのでしょう。生きていることの「残酷」から解放されることを、率直に私との話題にしたかったのかもしれないと思っています。

家は自分専用の「特別室」となります

□生活の質は、個々人特有のものである
□生活の質が阻害されることは、苦痛の原因となる
□家は本人が生活の主体者でいられる、本人にとっての「特別室」である

家ではその人なりの生活の「質」を確保できる

退院してきたある高齢者が家のソファにどっかりと腰を下ろし、「ほっとする。やっぱりうちだなぁ、こんなぼろ家だけど……」と満足げに言いました。

病院や施設などは他人と共同で使用する他人の空間であり、よそゆきの場です。よそゆきの場では、他人に見られてもよい自分でいなければなりません。場のマナーも他人への譲歩も必要です。

その反面、病院や施設などでは誰かが常に待機しており、いつも見守ってもらえる安心感があります。

また、治療やケアの専門家に任せておけば、先行きどうなるのかといった不安に対してアドバイスや最新の対処法なども提供されるでしょう。

いっぽうで、次のようなことについては、個々人の自由にならずストレスの要因となります。

❶**物的環境**…換気、温度や湿度、窓の開閉、物音、トイレ、ベッドや寝具または寝床
❷**人間関係**…同室者、食事などで集う周囲の人との関係、医師や看護師、ケアの提供者との関係
❸**時間の過ごし方**…食事や入浴の時間、生活のリズム、治療や検査の呼び出し
❹**その他**…食事の内容、プライバシー、経済的不安、家族との交流

これらは個々人に特有の生活の質(QOL：

Quality of Life）に関わることです。他人と共有している空間・時間のなかでは個々人に特有の生活の質は制限されやすく、そのことによりストレスが増強します。心身ともに苦しいとき、こうした制限のなかで我慢を強いられれば、苦痛はさらに耐えがたいものになるかもしれません。

家での看取りでは 家で過ごす本人が主体者となれる

生活の質は個人の習慣や嗜好《しこう》を反映しており、個別性に富んでいます。短期間、その生活が制限されることに我慢ができても、長くなるとしだいに自分の生活が恋しくなるものです。楽しい旅行から戻ってきたときでも、普段自分が使っている寝床は一番なじんだ場所であり、安らぎの場となります。

病院や施設のショートステイから家に戻られた方々を家庭訪問すると、多くの方は、家にいる姿が「板についていて」見えます。重度の認知症の方でも、家の中の「いつもの居場所」に腰を下ろしている姿を見ると堂々としています。認知症によって言葉が出ない様子が、かえって貫録のように錯覚することもあります。

本人のテリトリーである家の中では、病院や施設にいるときの「ケアの提供者」と「本人」の関係が、主客転倒《しゅかくてんとう》します。家を訪問したケアの提供者は、自然とその家の主人に仕える態度や言葉づかいをするようになり、何事も主人にお伺いをたててから決めたり行ったりするようになります。

家での看取りのよさは、単に看取りのときを家で過ごすというとらえ方では語れません。家は、その家で過ごすご本人が主体者として日常を生きている場所であり、時間や空間を自ら支配し思いのまま過ごせるため、ＱＯＬの向上につながるという大きな意義があります。家は自分専用の「特別室」なのです。

「おいしくって、飲み込めないっ！」

その高齢のご婦人は子どもに先立たれ、お孫さんの介護を受けて暮らしていました。だんだん動けなくなり、そしてベッドの上で失禁をするようになったことがよほどショックだったのでしょう。手首の皮膚をはさみで切って自殺をしようとしました。幸い、訪れたヘルパーに発見され大事には至りませんでしたが、緊急訪問した在宅医が皮膚を縫うことになりました。

いつもの在宅医ではない臨時で訪れた医師は、その場の判断で本人の鎮静をはかるために筋肉注射をしたのですが、よほど痛かったのでしょう。「あんたなんか、来んでもいい！」と言い放ったのには、その場にいたみんなが目を丸くしました。手首を切ってしまったときは思いつめていたので、痛くなかったのでしょうね。

興奮したそのご婦人を落ち着かせようとヘルパーが考えたのは、本人の大好物の日本酒です。さっそく紙パックの日本酒にストローを指して渡すと、おいしそうに飲み始めました。「おいしくって、飲み込めないっ！」と言う姿に一同大爆笑。命と生活を養う日本酒は、注射より心身に著効を示したようでした。

「死」について率直に語ることができますか？

- □「死」を語れないことが、本人にとって苦しいことがある
- □「死」を明るみに出すことによって、率直なコミュニケーションが始められることがある
- □家では、誰にも聞かれず夫婦や家族の間で気兼ねないコミュニケーションができる

「死」を話題にすることは避けられてしまいがち

在宅ホスピスを地域で取り組みながら、自らもがんを患い亡くなられた岡部健医師（医療法人爽秋会元理事長）は、生前の講演（第34回日本死の臨床研究会）で、次のような内容のことを述べておられました。

「死に向かっている自分は、右も左も深い谷となっている脊梁《せきりょう》（細い尾根道）を登山しているようだ。陽がさんさんとあたる側の谷は〝生〟の世界である。知人たちは命を延ばすためのさまざまな民間療法を勧めてくれるなど、たくさんの人が積極的に話すことができる情報にあふれている。

いっぽう、日陰となっている反対側の谷は、不意に足がとられれば転がり落ちる、底も見えない真っ暗闇の〝死〟の谷である。その暗闇には〝道しるべ〟さえ見ることができない。陽があたる側がまぶしいほど、反対側の暗さは増し、闇の底に落ちることの恐怖がせまる」

岡部医師は、がんを患う当事者になって、恐怖とともにはじめて見た「死の側」の暗闇について語られました。

誰にとっても暗闇の「死」は、話題にすることがはばかられ、また語ってはいけないことだと思われがちです。そうした話題は死にゆく人にとってつらいことであり、できるだけ避けて通りたいことでもあります。

いっぽうで、そのことについて話題にできない状況は、現実に死が迫っていることを自覚する当人を、死ぬことの恐怖や孤独に追いやることになりかねません。死にゆく人が、死という現実を前に孤立することのないよう、支えることができるコミュニケーションが必要です。

本人、家族、ケアの提供者で気持ちを分かち合うことも大切

家族にとっても、身近な人の死を話題にすることは厳しくつらいことに違いありません。

ある方は、認知症を患う妻を家で献身的に介護しておられました。その状態の変化から、在宅医より死が時間的に迫っていることが説明されました。

夫はその事態を落ちついて受け止められたかに見えました。しかし、その話し合いが終わってひと息ついたとき、「わかっています。わかっているけれど、いつまでも一緒にいたいのです」と涙をかみしめ、苦渋の表情でその本心を伝えてくださいました。

苦しむ家族にかけられる言葉などありません。大切な人の死を目前に、その家族の手を取って寄り添うことしかできませんでした。

いっぽうで、そうしたありのままの話し合いをとおし、本人、家族、そしてケアの提供者の間で、お互いが率直に声をかけ合うことができるコミュニケーションと思いやりの気持ちも生まれます。

家では話の内容がほかの人に聞かれる心配がなく、本人とその夫や妻、また家族の間だけで気兼ねなく本心を語りあうことができます。

「家ぐすり」を使って「苦しくなく」そして「穏やかに」

- □共同生活の場、病院や施設では、最大公約数的なニーズが優先される
- □家で暮らすことにより、集団生活の場の「標準」から解放される
- □家で過ごすことは、苦痛を緩和するために大きな効果がある

家で看取ることは、その決断の責任を負うこと

家で看取りをはじめたところ、本人が食べなくなったり、飲めなくなると「見殺しにしているようで耐えられない」と家族が思いはじめ、つい救急車を呼んで入院させてしまうことがあります。

家で看取るということは、本人や家族がその決断の責任を負い、こうした状況に正面から向き合うことです。

救急車を呼んでしまう、施設に入居をお願いするといった背景には、自分たちでは負いきれないケアとその責任を、誰かにお任せしたいという気持ちがあると思われます。それも大切な選択のひとつに違いありません。

病院や施設では最大公約数的なケアが提供される

いっぽう、病院や施設などはこうした家族の期待を受け、入居者全員がおしなべて基本的な生活ができる機会を提供する役割と責任を負います。

そして、その集団生活を提供する場では、集団に必要とされる最大公約数的な生活パターンの提供が優先されます。

ご本人が食事を拒否するため、1日3回の食事提

供がされていないことを知った家族が「餓死させるのか」と訴えることもあります。また「食べていないのなら、食費を返せ」と家族がねじ込んだという話もあります。多くの施設は標準的なケアを提供する施設の責任がある以上、全体に生活がモノカルチャー（単一）になることは避けられません。

家で過ごすことの責任は、家族ら当事者が負う必要があります。その代わり、家で過ごすということは、こうした施設によるケアの「標準」から解き放たれることです。健康な人でも日曜日などの休日は、特別な日です。予定がなければ、いつ起きようと食事をしようと、普段着のまま時間を気にすることなく過ごせます。こうした個人の気ままな生活は、私たちの緊張を和らげ、気の休まりやくつろぎの効果をもたらします。

在宅の医療者、ケアの提供者たちの間では、「家ぐすり」「我が家効果」という言葉が流布しています。病院から家に戻ったあと、それまでとれなかった痛みや症状が軽減する、またはすっかり消えてしまうことがあるのです。具体的には、それまで医療用麻薬でも取れなかった痛みが消えたり、食べられなかった食事が食べられるようになったりします。これらが「家ぐすり」がもつ効能であり、実感できる「我が家効果」です。

そうした効果が得られる理由は、これまで述べてきたように、家は自律と選択により「自分らしく」最期まで生きられる場所であること、家は自分専用の「特別室」であって生活の質が高いこと、隠し事がない率直なコミュニケーションができることなどでしょう。

自律や自分の意思による選択、生活の質（ＱＯＬ）、自由なコミュニケーションが制限されることは、元気な状態にあってもストレスが募ります。自分のテリトリーであり、住み慣れた、そして気づかいのいらない家族がいる家は、症状を穏やかにする大きな力をもっています。

家族の死に携わった家族は大きく成長します

□かつて、人は家で死を迎えた
□家で看取ることは、家族の役割であった
□家で看取りをやり遂げた家族は、ひとまわり大きく成長する

昔は、「家で死ぬ」ことのほうがあたりまえだった

今から70年ほど前の1953年に公開された映画『東京物語』は、国内外で高い評価を得た小津安二郎監督の名作です。そのなかに、脳卒中で倒れた老女が入院することもなく、意識不明のまま自宅で看病を受け死に至る場面があります。在宅医療でできることも限られ、点滴もないまま額に氷嚢《ひょうのう》がのせてあるだけでした。食べないまま飲まないまま、数日で亡くなりました。

当時病院死は全体の1割程度であり、ほとんどの日本人は自宅で死を迎えることがあたり前でした。したがって、家で看取ることは家族の役割でした。

1916（大正5）年に発行された家政学の読本（『生活講話』婦人文庫刊行會）には、家庭で死を看取る際の心得について次のように記されています。

まず患う人の様子について、「瀕死《ひんし》のあり様は、その呼吸ようよう緩徐《かんじょ》となり、かつははなはだかすかになって雷鳴様となる。脈拍は時々停滞して、その度数次第に減じゆき、やがてたえだえとなる」と、死ぬ間際にはかすかな呼吸となって脈拍の数が減ると書いてあります。

そしてそのようなときに看病する家族の心得として、「看護する者はみだりに狼狽《ろうばい》して立ち騒いではならぬ。まず臥褥《がじょく》を整理し、見苦しいあり様のないようにして、静かに臨終を遂げしむるのである」（現

代仮名遣いに変更）とあります。みだりにあわてないで、寝床をきれいに整えてしっかり見守るようにということでしょうか。

　このように家で看取りが行われていたころは、家族がそのメンバーの死を見て「人が死ぬ様子」を実際に学ぶことができました。そして、やがて死ぬ自分の死についてもイメージをもつことができたかもしれません。

家族を自分たちで看取るという経験はかけがえのないものになる

　現代は、そうした死の実際が病院等の施設に隔離され、隠れてしまっています。そのため、「幽霊の正体見たり枯れ尾花」のように、恐怖心や疑いの気持ちによって、死が余計に恐ろしいものに見えているのではないでしょうか。

　実際に家で看取りをやり遂げられた家族は、一様にその姿がすがすがしく見えます。大きな仕事をやり終えたように、ひとまわり大きく成長されたように映ることさえあります。そうした家族には、「ほんとうに、よくなさいましたね」と、心からお伝えすることができます。

　本人とともに、看取りをする家族も苦しみを味わうことになります。しかし、大切な家族のメンバーを自分たち家族が見送ったという経験はかけがえのないものになると思われます。いつまでも消えることのない大切な記憶となり、それぞれの人生を生きていかれるのだなと思うのです。

実際の死に向き合うことは貴重な経験となるのですね。

家で看取ることを可能にするために

家族の中で「死」を話題にできますか？

□最期の「そのとき」はいつやってくるか、誰にもわからない。突然やってくることも
□死を語るのではなく、自分はどのように生きたいのかについて話しはじめる
□生きるうえで「大切にしたいこと」から、表現してみる

「矢先症候群」に陥らないために

日本のホスピス運動の草分けである柏木哲夫医師（淀川キリスト教病院理事長）は、がんの終末期に起こる「矢先《やさき》症候群」を発見・命名されました。

柏木医師によると矢先症候群とは「夫が定年退職して夫婦でゆっくり旅行でもしようか、と思った〝矢先〟にどちらかががんになった、などのケースがよくある。私は〝矢先症候群〟と名づけています」ということです。

「矢先症候群」から学ぶことは、誰にとっても生きていることと死ぬことは表裏一体であるということです。そして、「あの世」からの使者によって、いつ後ろから肩たたきにあうか、つまりこの世からの引退を告げられるかわからないということ。また、「そのとき」が近づいてからでは遅きに失する、つまり間に合わないことがあるということです。

死について語ることはタブー、触れたり口に出したりしてはならないという風潮がまだまだあります。家族の中で、特に家族のメンバーの死について話題にすることは慎みや考慮、思慮分別が欠如した不謹慎なことと多くの場合はとらえられているのではないでしょうか。

まずは「どのような人生を送りたいか」から語り合おう

次のような実際の話があります。あるグループホームに入所していた認知症の女性は嚥下《えんげ》が悪くなり、ご飯を食べたり水分をとったりすることができなくなりました。

受診をしたところ、鼻から胃まで管を入れ栄養剤を流し入れるか、お腹から直接胃まで穴を開けチューブを固定して栄養剤を注入する「胃ろう」といった方法を行わなければ、命はもちませんと言われました。

ひとり娘である長女は、「母の気性からそうした処置は本人の希望と相容れないのではないか、かといってこのままでは死んでしまうことになる……」と、どちらとも判断ができずに迷っていました。そして「どうして、元気なころにはっきりと意思表示をしておいてくれなかったの……」とさめざめと泣いていました。

誰でも自分、また家族の死について話をすることには、抵抗があると思われます。

それならば、まず「自分はどのように人生を送りたいのか」といったこれからの希望を語り合うこともよいと思われます。

自分が生きていくうえで大切にしたいと思っていること、病院で治療を受けながらなるべく長生きをしたいと思っているのか、またはできるだけ自分の家で生活できることがよいのか。こうした生きるうえでの選択の内容や、生きるうえで大切にしたいことだったら、表現しやすいのではないでしょうか。

治療中の病気がある場合はどうすればよいですか？

- □その治療によって完治するのか、完治しないが治療をしているのかを知る
- □自宅死の半数が「異状死」扱いになっているという事実がある
- □予後を正確に知ることができれば、看取りの段取りや準備につながる

治療の効果について、医師に確認することも大切

医師が病気の治療を勧めるとき、その治療がほんとうによいと思っているかどうか、その本音を探るにはどうすればよいでしょうか。高齢者施設の常勤医である中村仁一医師は、「〝この治療法、先生ご自身だったら受けられますか〟〝先生の家族に勧められますか〟と質問して、その反応を確かめてみることもいいでしょう」と述べています（『大往生したけりゃ医療とかかわるな【介護編】』幻冬舎）。

患者やその家族の希望によって治療が続けられていても、その実際の効果は期待できないことがあります。また、完治するかどうかはわからないけれども、治療をしないことはあきらめることだから、治療を続けるという考えもあるでしょう。

しかし、治療の効果が期待できるのか、またその効果は完治につながるのか、医師の率直な考えを尋ねることが大切です。その医師による適切な情報提供によっては、治療の限界を知るという結果になるかもしれません。その反面、治療の限界とその後の生命の予後、つまり病気がたどる経過と結末についての見通しを「正確に」知ることができれば、何が大切なのかを判断し、最期までどのように生きるのか、早めに選択することができます。

「異状死」や「救急車での搬送」を避けるために

日本国内の自宅死亡数は、約17万人です。複数の地域調査の結果から、自宅死の「約半数が異状死扱い」であったという結果が報道されました（2016年2月25日、朝日新聞）。

自宅で死に至った場合、医師がその経過の中で診察しており、その医師が死亡診断書を発行することができれば問題ありません。しかし、そうした経過を見ていた医師がいなかった、医師がいても診察をしていなかったといった状況で自宅死となった場合は、必ず警察に通報しなければなりません。事件性があるかもしれないため、いったんは警察が実況見分する「異状死」扱いとなるのです。こうした異状死扱いとなることや、救急車を呼ぶような展開にならないために、病気やその予後について、正確な知識をもつことはよい看取りへの出発点となります。

その病気は治らず、死への転帰をたどること、また、時間的な予後が示されることにより、逆算によって「そのとき」までどのように生きていくのか考えることができます。そして、家で最期を迎える場合、そのための段取りや準備ができ、混乱のない確かな看取りへとつなげていくことができます。

知っておきたいコトバ

異状死

医師は、すべての外因死（災害死）とその後遺症、続発症、自殺、他殺、死因不明、内因か外因か不明の場合は、異状死として24時間以内に所轄警察署に届け出なければならないとされています。

いっぽう、異状死の届け出の必要がない普通の死とは、診断のついた病死、新規患者の院内死亡であっても病死であることが画像や心電図等で診断（ないしは推定）できる場合で、異状死にあたらないものとされています（医師法21条および東京都監察医務院のホームページから）。

がんばりすぎないで 7割程度の力で進めましょう

□家族の負担に遠慮して、家での死をためらう高齢者がいる
□家の看取りにおいて、本人の症状が軽減・消失すると家族は安心する
□がんばりすぎない、看取りにそそぐ力は7割くらいでよしとする

家族に遠慮して入院を選ぶ高齢者

半数以上の国民は自宅で最期を迎えたいことが、さまざまな調査で明らかとなっています。

しかし、実際に自宅死が迎えられるかどうかを尋ねると、その数は大きく減ります。現実的に自宅死は死亡者全体のうちの13％程度ですから、自宅死の実現には依然として困難があると思われます。

自宅死を希望しているが、実際は自宅で最期まで過ごすことは困難であると考えられている理由として、「介護してくれる家族に負担がかかる」「症状が急変したときの対応に不安である」「経済的負担が大きい」「症状急変時に入院できるか不安である」といった内容が上位を占めています（▼図2）。

家で看取ることを決断するうえで、まずは本人の希望が大切です。ところが本人は自宅死を望んでいても、家族の負担に遠慮して病院、施設等を最期の場所に選ぶ方も多いのです。

「ほんとうは、家にいたいのだけれど、家族のことを考えると言い出しにくい」という終末期がんの高齢者の中には、家族のことを思って自らホスピスへの入院を選ぶ方もいます。

ある訪問看護ステーションの管理者は、

「高齢者とその家族がホスピスへの入院を考えて

【図2】自宅で最期まで療養することが困難な理由

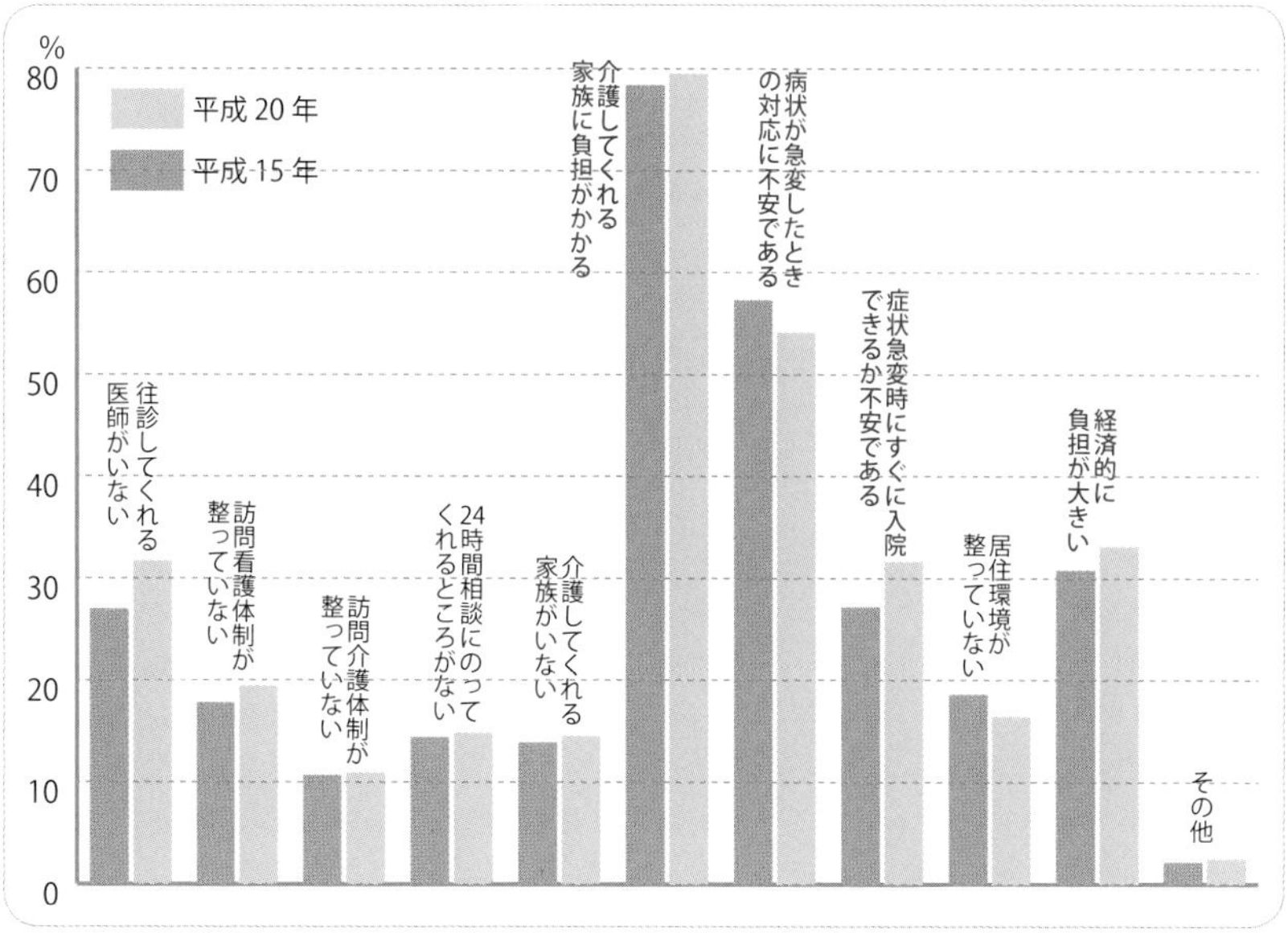

＊厚生労働省「終末期医療に関する調査」（平成20年）より作成。　注：複数回答

いても、結果的にホスピスに行く人が少ない。その理由のひとつは、家で療養するなかで本人の症状が消えていくと、家族はたとえ終末期でも家で見ていけると思いはじめる。こうした経験が安心につながっていく」

と言います。

家族が抱える不安や苦悩もさまざま

家族は家で看取りをしてあげたいと思っていても、いろいろな不安や苦悩を抱えていると思われます。

家族が頑張りすぎて死にゆく本人につらくあたるようになってしまうようでは、家にいることで得られるはずの穏やかさがそがれてしまい、本末転倒です。家で看取ることを決めたとしても、難しい状況になった場合は、無理をせずに途中で変更することも大切です。

家族が家での介護から解放され精神的に余裕がで

きることによって、死にゆく本人とゆっくり関わることができる場合もあります。

家での看取りに迷っていたら自分や家族のなかだけで抱え込まないで、地域の看取りの専門家に相談してみましょう。家で看取りを進めるために、家族を支えるしくみや専門家のネットワークが整ってきています。

ヘルパーや訪問看護師の手を借りながら、自分の仕事や生活のペースを崩さないで家での看取りに臨んでいる家族もいます。ご本人の希望、家族の希望や限界に思っていること、急変などの対処法や経済的なことなど、不安が軽減、解消するまでつきあってくれる専門家をじょうずに活用しながら、7割を超えないぐらいの力で看取りが進められれば、スマートだと考えます。

自宅死ができなかった例

末期の大腸がんを患い、ひとり暮らしをしていたある男性がいました。かかりつけ医の自宅訪問もはねつけるように断るので、親族が見るに見かねて地域担当の窓口に相談に来られ、「身の回りの世話だけでもヘルパーを入れましょう」と本人にもちかけましたが、拒否されました。

その数日後、当人から電話がありましたが声が聞こえません。親族の方から緊急時のためにと預かっていたキーを使って家の中に入ると、布団の上で血便まみれとなった当人は、「もう限界……」と息も絶え絶えに言いました。結局救急搬送となり病院で静かに亡くなりました。人が生まれるときに助産が必要であるように、死に至るときも専門家のヘルプが死へのソフトランディングの助けになります。地域支援のネットワークとつながっているほど、自律して過ごせるともいえます。

それでも迷う「家での」看取り

病院で治療を続けている場合はどうしたらよいですか？

□治らないまま治療が続けられていることがある
□家での看取りの可能性を、地域の在宅医療・介護連携に関する相談支援窓口で相談する
□病院の受診も続けながら、訪問診療を受けることもできる

病院では患者や家族は受け身になりがち

病院で治療が続いている場合、医師に遠慮して家での看取りについてなかなか話を切り出せないことがあります。医師が治療を継続しているのは、まだ回復の可能性があるからだと思っている方もいます。また医師に家で看取ることについて相談したら、それからあとの受診を断られるのではないかと考える本人、家族もいるようです。

病院の看護師として仕事をしているとき、がんやその他の病気の患者さんを拝見しながら、「このまま治療を続けることを本人、または家族はほんとうに望んでいるのだろうか」と考えてしまうことがありました。かといって医師などの医療者側から治療の「撤退」を患者さんや家族にもちかけるのは本当に難しいことです。撤退とは「治療の方法はもうない」、「よくなることはない（死を待つしかない）」

と同義であり、治療をあきらめてもらうことになってしまうからです。

いっぽうで多くの場合、患者さんや家族は、医療者から示される方針に常に受け身の側にあります。進められている治療について質問することさえはばかられるなか、まして自ら医療者にリクエストすることには多少なりとも抵抗感があるでしょう。

こうしてよくならないまま治療が続けられ、かといって誰もその膠着《こうちゃく》した戦いの幕引きを提案できないまま、時間が経過することになります。そうしているうち、病院内で死に至る人をたくさん見てきました。「部屋の中にいる象（the elephant in the room)」、つまり「見て見ぬふりをされた問題」の結果のように見えました。

家で看取りたいと医師に伝えるには

診療拒否ができない医療者側は、医療という戦いをどこまでも続けます。また、家族やその周辺からの予期せぬクレームは医療者、病院の日常業務を狂わせ、大きな痛手となります。むしろ手を抜かず戦い続けることが、そうしたリスク回避にもつながります。

いっぽう、本人、または家族からの「このまま悪くなるばかりで治らないのなら、もう入院治療は結構です」という「終戦」の口火となる言葉を医療者側が待っていることがあります。あるいは、本人や家族が希望を示すことで、医療者側がその具体的方法を探るきっかけとなります。本人の心身状態が「焼け野原」となってしまう前に、自分の命を生きている本人、その家族が残された時間を平安に暮らすという英断と宣言は重要なのです。

家に戻ることについて病院の医師に言い出しにくい、またそうしたことができるのかといった心配ごとなどがある場合、地域の在宅医療・介護連携に関する相談支援窓口に相談するとよいでしょう。家でもさまざまな医療処置ができるようになっていますし、自宅での療養や看取りを支える専門家のネットワークも増えています。病院の医師はそうした地域医療の事情を知らないこともあります。また病院の医療職は、治療しないで暮らしのなかで死に至る人たちの経過を見る機会はほとんどないと思われます。そのため、治療をしないで死に至っていく経過を知らないことがあるのです。

　専門職にはそれぞれ自分が専門とするところがあり、自分の専門範囲でできることが患者にとって必要であると考えがちです。自分たちは何を望んでいるのかといった希望を伝えることは大切です。

病院で受診を続けながら、訪問診療を受けることも可能

　病院の受診を続けながら、自宅で訪問診療も受ける、いわゆる併診《へいしん》もできます。たとえば、2～3カ月に1回は病院を受診し、病院まで通うことが困難なときは訪問診療を利用できます。このようにすれば、病院の医師との関係が切れてしまう不安も軽減するでしょう。

　そうして自宅での療養の実現性を確かめながら、家での看取り体制を整えていけばよいと考えます。

知っておきたいコトバ

在宅医療・介護連携に関する相談支援窓口

　国の事業として、「医療」と「介護」の連携を促進するために「在宅医療・介護連携推進事業」が行われています。在宅医療を提供する医師会等の機関を拠点として、介護支援専門員の資格をもつ看護師等および医療ソーシャルワーカーを配置し、地域の医療・福祉資源を把握したり、医療・介護に関わる総合相談の窓口となって、2018年4月にはすべての市区町村で事業を取り組むこととされています。

　相談は匿名で可能、そして無料。窓口がわからなかったら、地域の医師会、役所、地域包括支援センターで尋ねてみましょう。

本人や家族が迷っている場合

- □希望があれば、多くの場合家での看取りは可能である
- □看取りについて、具体化するためのオプション（選択肢）をあきらめない
- □看取りの希望については我慢しないで専門家に問い合わせる

自分たちがしたい看取りをあきらめないために

現代社会に暮らす私たちは、日用品や食料品などの物を買うとき、その選択に迷うほど種類がたくさんある日常のなかにいます。

アイスクリーム専門店でアイスクリームを買う場合も、そのサイズからはじまり種類や盛りつけの個数、アイスの容れ物を何にするのかまで、さまざまなオプションをくぐり抜けなければ、アイスクリームひとつ食べられません。

ところが人の看取りに関しては、「家が無理なら病院ですね」とあまりにあっさりとしており、家での看取りを具体化するためのオプションが提示されないことがあります。

物を買うときは迷いに迷って結論を出していながら、それよりはるかに大切な生を終えるプロセスについては、しかたがないこととあきらめてしまってよいのでしょうか。

経験したことのない、人の生死に関わる重大なことを前に迷い戸惑うのは当たり前のことです。そのなかでも、まずかけがえのない人生の最期について、誰かに任せきりにしないでどう過ごしたいのか、あるいは高齢者にどう過ごしてほしいのか、その希望を第一に考えてほしいと思います。

迷っているときには、地域の専門家などに相談してみる

本人、また家族にその希望があれば、特殊なケースを除き、家で看取ることは可能な時代となっています。

特殊なケースというのは家ではできない治療や処置が継続的に必要な場合や、常に医療的管理下で症状の観察や症状のコントロールが必要であり、それが看取りの苦痛を軽減しているケースなどです。

迷っているときは、匿名でもかまいません。また、入院や施設に入院中・入所中であっても、そこでの療養や看取りに違和感をもっているのなら、地域の専門家や在宅医療・介護連携に関する相談支援窓口に相談をもちかけてみるとよいでしょう。

自分たちが自由な希望や選択を我慢しすぎていることに気がつき、看取りが楽に思えるオプションが提示されることがあります。

悲しみの中の「かけがいのない」時間

ある女性アナウンサーの方が、34 歳で乳がんのため自分の家で亡くなられ、その翌日、歌舞伎俳優のご主人はテレビ放送で次のように語っておられました。「…子どもたちもずっとそばにいられたので、すごくよかったなと。…父は病院で亡くしているので、病院のときとは違う…家族の中で、家族とともに一緒にいられた時間というのは、まぁほんとうに、かけがいのない時間を過ごせたと思いますね」。

死に向かうという厳しい現実を受け入れざるを得ないとき、家で最期まで過ごすという選択があること。そして、家族とともに過ごした最期の時間がかけがえのない大切な時間となったことが広く伝えられました。小さな子どもたちにとっても、死にゆく大切なお母さんの姿はいつまでも消えることなく、その記憶を大切にしながら、その後のそれぞれの人生を生きていくのだなと思いました。

自宅死は警察沙汰になることが少なくない

自宅死を「異状死」扱いされないために

□看取りを予定し、準備をすれば警察沙汰にならない
□看取りは、段取り・準備が八分である
□地域の専門家と、思い描いた理想的な最期までの過ごし方、看取りを実現する

「生命の事前指示書」を書いていたのにもかかわらず

家で死を迎えた自宅死の約半数は、警察の検視が行われた「異状死」扱いとなっているという地域調査の結果を紹介しました（▼35ページ）。次のケースを見てみましょう。

家で息子さんが母親の介護をされていました。ところが母親の呼吸が荒く、脈拍数が1分間に30回ほど（通常の半分）になっていたことに息子さんは驚き救急車を呼びました。病院の医師から点滴で治療をすることとの説明が息子さんにありました。しかし母親は「生命の事前指示書」を書いており、そのなかで延命措置はしないことを宣言していると息子さんが医師に伝えたところ、「それならどうして病院に来たのですか。ここは治療する場だからこのまま放置はできません」と強く言われました。

結局、数時間後母親は病院で死亡しました。それまでの経過がわからない医師は死亡診断書を書くこ

とができず、警察に連絡をしました。母親の死は異状死扱いとなり、息子さんは警察から事情を聞かれることになりました。

その息子さんは母のことを大切に思い、親身に介護をされていたのです。またせっかく本人が延命措置は望まないという事前の指示を示していたにも関わらず、その母親の最期は少々残念なことになってしまいました。

自宅で看取るためには十分な準備と段取りが必要

このような、望んでいなかった展開になった理由として、次の3つをあげることができます。

❶ 死が予定されていなかったこと
❷ 家で看取ることについて、具体的に考えられていなかったこと
❸ 家で看取ることの具体的な準備がなかったこと

介護を受けて生活をしている高齢者は緩やかに衰えていきます。そのため、衰えていることの実感をもつことができません。

しかし、たとえば半年、1年前に撮った写真と現在の様子を比べると、着実に変化していることに気づきます。そうした緩やかな変化のなかで起こった容態の変化は、生命の最期に近づいている経過のなかで顕在したことです。

そうした経過が、医師ら専門家により客観的にモニタリング（連続的な観察）されていたとしましょう。そうすれば、呼吸が荒くなってはじめて脈拍数が低下していることに気づく前に、心機能などの低下が指摘されたかもしれません。原因は特定できなくても、状態から見て近い将来に死が差し迫っていることがわかる場合もあります。

看取りは、そうした死が近づき、避けられない時期にきているという見立てからスタートします。

本人が延命措置を望まず、家で最期を迎えることを家族も合意していれば、そのための具体的な体制

づくり、段取りや準備につながっていくでしょう。そうすれば急に状態が変化しても救急車を呼ぶことなく、深夜でもあらかじめ打ち合わせされた手順どおり、かかりつけ医、訪問看護師に連絡をすることにより、本人が望む家で最期が迎えられることでしょう。医師からは死亡診断書が交付され、家で無事にお別れができるはずです。

看取りをうまく運ぶためには、段取りや準備が八分であると言えます。家での看取りは、医師をはじめとする専門家とのコラボレーションが必要です。専門家らと一緒に家で看取るためのプロジェクト「目標を達成するための計画」を推進することで、思い描いた理想的な看取りに近づけることができるのです。

「(人は) こうやって死んでいくのですね」

認知症になった奥様を長年献身的に介護されてきた高齢のご主人がいらっしゃいました。その奥様が家で息を引き取られる場に、居合わせたことがあります。呼吸の数が減り、呼吸をしていない無呼吸の秒数が長くなっていきました。そして、何か苦いものを口に含んだように顔をしかめました。呼吸が終わる前、ときどきそうした様子を見ることがあります。最後に大きめの息を吸ったようにされ、呼吸が止まりました。「息を引き取る」という表現はこうした様子から生まれたのでしょうか。

ご主人が人の死に立ち会ったのは、はじめてとのことでした。そしてひとこと「(人は) こうやって死んでいくのですね」とおっしゃいました。目の前で「人が死んでいく様子を見る機会」がなくなっています。自分もやがて経験する死を考える、それまでどう生きるのかを考える、死を見ることは大切な機会ではないかと思ったのです。

「心がまえ編」Q&A

Q 老々介護です。夫を家で看取ることができるでしょうか?

A 大きくは2つのことが必要です。

ひとつは、ご主人を家で看取ることのご希望を確かにすることです。

子どもや、ご主人、ご自身の兄弟にも相談してみましょう。皆さんの意見が同じならよいですが、もし同意が得られなくても、奥様の希望ははっきりさせておきましょう。

2つめに地域の医師、訪問看護ステーション、ケアマネジャーといった、看取りの専門職とつながりをもちましょう。要介護の認定を受けていれば、ケアマネジャーに相談してみます。

もし要介護認定を受けていても介護保険サービスを使っていなければ、住んでいる場所を担当している地域包括支援センター(▼51ページ)に相談します。わからなければ、市区町村役場に電話して聞いてみます。

「家で看取りたいという希望」と「それを支える地域の専門職」、この2つは車の両輪となります。

家での看取りに迷いがある家族・親戚と専門職が集まって話し合いを重ねるうちに、意見がまとまっていくこともあります。

もし親戚もなく、夫婦2人であればそうした意見調整の手間がなく、家での看取りをよりスムーズに運ぶことができるともいえます。老々介護でも、家で看取ることは十分可能です。

Q

母が施設に入所しています。最期だけは、家で過ごさせてあげたいと思います。可能でしょうか？

A

よいお考えだと思います。施設で高齢者を看取った家族の中には、一度家に帰してあげたかったと述べる方もいます。

入所している施設がどのような施設かによって、施設に入居の登録をしたまま家で看取ることができるか、または施設を退所しなければいけないか、家に帰る前の手続きは異なります。

代表的な高齢者の施設は、特別養護老人ホーム、老人保健施設といった介護保険施設です。

入院中は家で医療保険を使うことができないように、家で医療保険と介護保険を使うためには、施設を退所しなければなりません。退所する前に、家での看取りの体制を整えておく必要もあります。

施設にお世話になっているからといって退所の申し出を遠慮することはありません。施設にとっても入居者を家に戻せたという施設の重要な役割を果たしたことになるからです。

Q

病院のような医療ができない家（自宅）で、看取りができるのでしょうか？

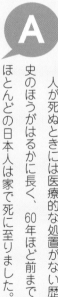

A

人が死ぬときには医療的な処置がない歴史のほうがはるかに長く、60年ほど前までほとんどの日本人は家で死に至りました。

病院などで、医療的な処置が行われるなかで死ぬようになったのは、むしろ最近のことです。

私は病院での看取りと、施設や家での看取りの両方に関わってきました。看護師としてエンゼルケア（死後の処置）をして思うのは、施設や家で点滴を受けないで亡くなったご遺体はきれいだということです。

水分が皮膚の下に溜まってコンニャクのように重くブヨブヨしている感じがなく、皮がしっかりしています。そのため、皮膚の傷もほとんどありません。家では医療が皆無または限定的であるため、「枯れるように……」という経過で看取ることができると考えます。

Q　ひとり暮らしです。身寄りも施設に入っている姉だけです。ひとりで家で死ねるのでしょうか？

A　まずはご自身の「家で最期を迎えたい」という希望が前提となります。
そして、それが具体化するために地域の在宅医、訪問看護ステーション等の専門職とつながる必要があります。もし家族がいらっしゃれば、本人、家族、専門職が3本柱となって、家での看取りを進めていく体制を築くことで、家での看取りが可能です。

もし、家族がいない場合は死後のことも考えておかなければなりません。「死後事務委任契約」といって、死亡診断書の役所への届出、葬儀・埋葬手続き、生前の医療費・介護費用など未払分の精算、遺品整理や住まいの処分等を委託する契約を結んでおくことが必要です。

依頼する相手（死後事務受任者）は知人でもかまいませんが、司法書士や行政書士、弁護士などに有償で依頼することができます。

自宅での死が確認されたときには、死後事務受任者にも連絡がされるしくみをあらかじめつくっておきます。

ひとりで家で死ぬことの覚悟ができ、専門職との連携、また死後の手続き等が整えば、家でひとりで死ぬことは十分可能であるといえます。

ひとりでの自宅死も、事前にきちんと準備しておけば可能なのですね。

Q 病院の最期と、家での最期の違いは何でしょうか？

A 病院は病気を治療し、患者さんを生かすための場です。そのため一般の病院で起きた死は、病気を治すことができなかった結果死に至ったことになり、その死は隠され処理されます。ドアが閉められた病室の中でエンゼルケア（死後の処置）を行い、白いシーツで覆った遺体をストレッチャーに乗せ、専用のエレベーターで地下にある霊安室に移します。

看護師らはそこで家族にねぎらいの言葉かけをして丁重にその場を後にし、いつものルーティンワークの流れに戻っていきます。亡くなった患者さんのベッドが更新されれば、そのベッドには新しく入院してきた患者さんが寝ており、その患者さんへの医療、看護が始まります。いなくなった人の記憶は消えていきます。

家での最期は、残された家族のペースで進められます。「死」そのものは病気ではなく、ひとりの人が生命を終えたことが迫ってきます。

家族と一緒に死後の処置をしていると、「寝ているようね。でも起きないでくださいね」と家族が冗談を言い、笑いさえ聞こえてくることがあります。

家から遺体が運び出されると、それまで使っていたベッドや空間の一角は、空いたままになります。ひとりの家族メンバーがこの世からいなくなり、「永久欠番」となったことが伝わってきます。家での最期は、無二の、かけがえのない人がいなくなったことが、切実に迫ってきます。

知っておきたいコトバ

地域包括支援センター

高齢者の生活や介護のことなど、なんでも相談ができる地域の相談窓口。多くは市区町村から委託をうけた民間の機関が運営を行っています。

役所と異なり住民が暮らす日常生活圏に分散して設置され、夕方の５時以降、また土曜日なども窓口を開けているため、家族が相談しやすくなっています。保健師・看護師、社会福祉士、主任ケアマネジャーなどの専門職が連携をとりながら、介護だけではなく、福祉・健康・医療など、包括的に高齢者とその家族の生活を支える役割を負っています。

「心がまえ編」のおさらい

□死なんて、縁起でもない、考えたくないと思いますか？

□家で看取るなんて、やっぱり怖くてできないと思いますか？

□死ぬときは苦しむから、家や家族では対処できないと思いますか？

□家で死ぬことに、特別のメリットはないと思いますか？

□死を語ることは不謹慎であると思いますか？

□専門家に任せることが一番であると思いますか？

□自宅死は警察沙汰になると思いますか？

□家族だけで看取るのは、介護力からも無理であると思いますか？

□病院に行かないことは、生きることをあきらめることだと思いますか？

□ひとり暮らしの場合は、自宅死はできないと思いますか？

＊各編の最後におさらいを付しています。ひとつひとつチェックしながら、ご自身の理解度や、看取りの準備を進めていくうえでの参考としてお役立てください。

パート2

準備編

家で「ひとり死」をすることはできるの？

終末期がんの場合は、どんなふうに最期を迎えていくの？

家まで来てくれる地域の医師は見つかるだろうか

老衰や認知症は、どんなふうに最期を迎えていくの？

急変したときは救急車を呼べばいいの？

家で点滴や酸素が必要？

何から準備を始めたらいいかわからない

医師のほかに必要な専門家は？

お金はどれくらい必要？

症状が悪化したり、痛みがひどくなったりしたら困る

家が狭いし、家の環境が整わないので無理かな

死に至るおおまかな経過や時間を知っておく

人はどのように死に至るのでしょうか

- □死に至るまでの時間を知っておく
- □終末期がんは1カ月から2カ月のうちに急激に症状が変化して死に至る
- □早めに生命の予後がわかれば、家でより長く過ごすことが可能となる

死までの経過は大きく2つに分けられる

人が死に至るとき、その経過は人それぞれ異なります。しかし、「家」で「高齢者」が死に至るとき、その経過は大きく次の2つのパターンに分けられます（▼図3も参照）。

❶ 主として終末期がんの高齢者がたどるパターン
❷ 要介護状態となった高齢者がたどるパターン

まず終末期がんを代表とする病気によって死に至る高齢者は、死の1～2カ月前から症状が急激に進行し、死に至ります。

ときどき、名の知れた方が終末期がんで亡くなったというニュースを目にします。亡くなる1カ月くらい前に撮影された映像からは、自分の力で歩き、会話もできていたことがわかります。しかし、そのころにはそれまでの姿と打って変わり、頬《ほお》がこけ痩《や》

【図3】高齢者が死に至る経過

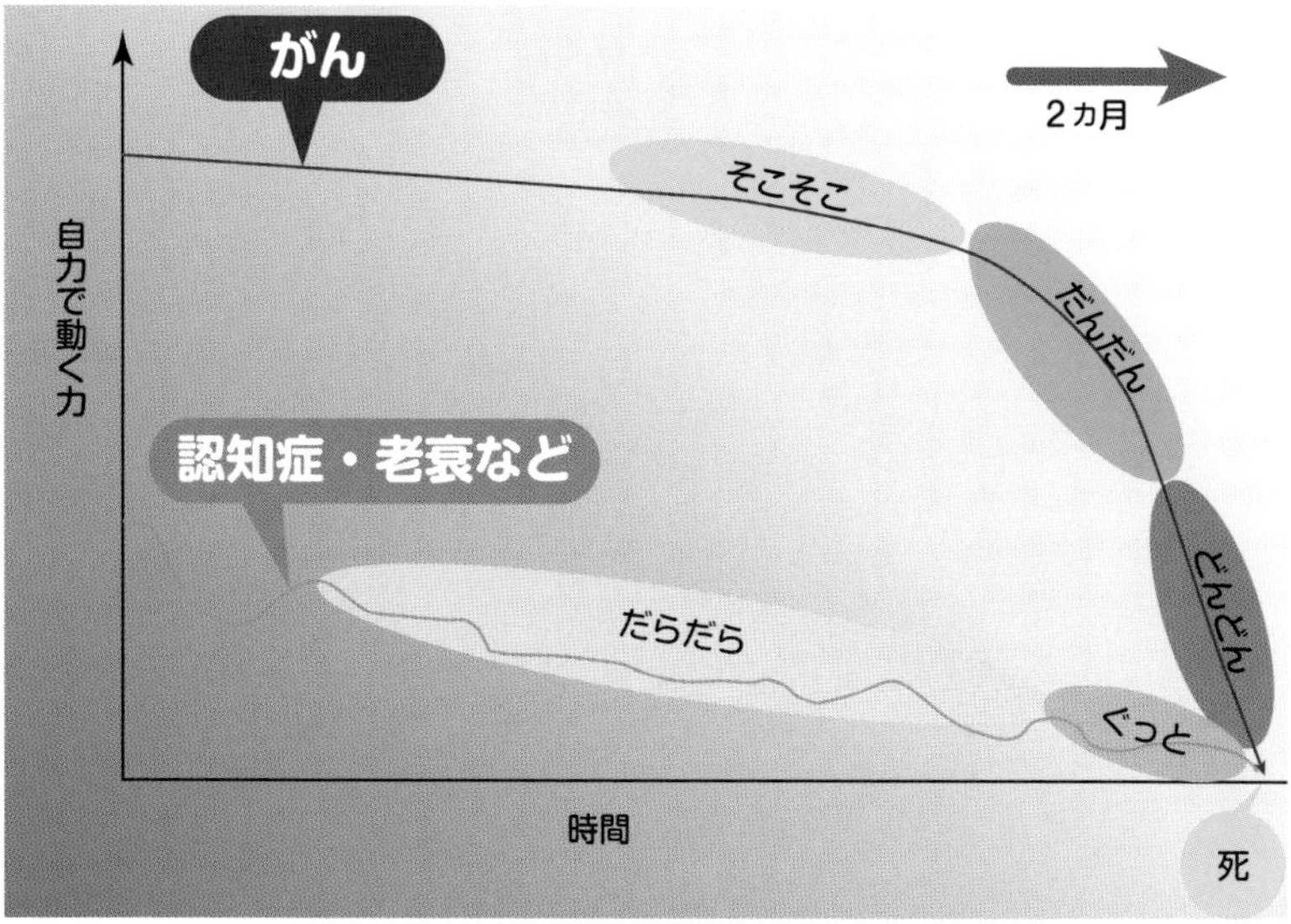

＊Lynn J：Serving Patients Who May Die Soon and Their Families, JAMA, 285, 925-932..(2001)をもとに作成

せすぎているように見えることがあります。そしてその後わずか1カ月という比較的短期間に死に至ったことが伝えられます。

こうして短期間で急激に変化し、死に至る経過は終末期がんの特徴です。終末期がん患者の平均的な在宅期間は1カ月から2カ月といわれます。

さて、すぐに命取りとなる病気ではないけれども、老衰や認知症などとともに、徐々に介護が必要となった高齢者の場合は、時間的な経過が長く緩やかに変化し死に至ります。また終末期がんの診断を受けていても、より高年齢のお年寄りは、その経過が緩やかに進む傾向があります。

看取りの体制づくりもパターンによって変わってくる

このように比較的短期間に急激に状態が変化する終末期がんを代表とするパターンと、徐々に心身の機能が低下して介護の必要度がしだいに増えるパ

ターンとでは対応も変わってきます。

終末期がんは死に至る1～2ヵ月前より、症状が週単位の「だんだん」から日単位で「どんどん」変化するので、死が近づいていることが実感されます。

家で過ごす時間を大切にしたいのであれば、早めに家で過ごせる体制を整え、家にいられる時間を長くできる方針をもつことも必要でしょう。短期集中の「瞬発力」が必要です。

いっぽう、より長期的な生命予後（生きていられる期間）が予想される場合、高齢者の生活を中心にしながら、家族の介護が支援される体制づくりが必要です。「だらだら」変化し、死までの時間的な長さの見通しが立ちにくいために、家族による介護が徐々に負担となることもあります。このパターンでは長期戦に臨む「持続力」が必要となります。

いずれにしても、予後を想定し最期の「そのとき」から逆算することにより、それまでの過ごし方を設計することが必要です。

「PPK」が人気。でも、その後がたいへん

「PPK（ピンピンコロリ）」とは、病気に苦しむことなく元気に長生きし、寝込まずにコロリと死ぬという意味だそうです。ピンピン元気な状態のときに、コロリと死に至る突然の死は理想的な死に方のひとつと考えられているようです。しかし、私たちは死に方を選ぶことはできず思い通りにはなりません。「ぴんころ地蔵」にすがるしかありません。

ポックリと死ぬ突然死は、残された家族に負担をかけることもあります。かかりつけ医がおらず家の中で突然死が起きた場合、警察の検視（犯罪の嫌疑の有無を明らかにするための刑事手続き）が必要です。家族であっても遺体に触れられず、現状保存が求められます。また、残された家族の中には、突然の死に何もしてやれなかったという悔悟《かいご》の念を抱く人もいます。かといって突然死を避ける選択も不可能です。結局のところ、死に方は選べないことを受け入れるほかありません。

終末期のがんではどのような体制が必要？

- □終末期がんは状態の変化が急激に起こる
- □家での看取りの体制を早めに整え、短期決戦に臨む
- □がん特有の症状緩和が難しいときなどは、在宅ホスピス緩和ケアの専門医をかかりつけ医にする

終末期のがんでは、在宅ホスピス、緩和ケアが中心となる

終末期がんと診断され、医師からおよその生命の予後が告げられても、実際はその期間より思いのほか短くなることも、そして逆に長くなることもあります。状態が落ち着いているのでひと息ついていたその矢先に、急に変化して死に至るということもあります。

終末期がんと診断を受けることは重要なことのひとつですが、あわせて、生命予後のおおよその時間、今のような生活がいつまで続けられるのかといったことも知っておいたほうがよいと考えます。その残された時間によって、どのように最期まで生きるのか選択することができるからです。

一般に終末期がんの経過は、月の単位、週の単位、日の単位をたどります（▼55ページ・図3）。月の単位のうちは「そこそこ」歩けますが、1カ月後には歩くことが困難な、週の単位の変化に移行するかもしれません。

週の単位の「だんだん」悪くなる段階では、前の週より悪化し、1週間後には日の単位で「どんどん」悪くなります。そして「どんどん」悪くなってからはそのまま一両日中に死に至るかもしれません。

終末期がんの特徴は、このように急激に短期間に

変化し、死に至るということです。

まだ「だんだん」の段階であると思っていたのに、急激に悪化し死に至る場合もあります。

家で看取るための体制は、入院中から整えておくことも大切

終末期のがんの場合、こうした急激な展開が起こりうることをあらかじめ心づもりしておくことも必要です。家に帰るタイミングを失い、「もっと早く家に戻せばよかった」ということにならないよう、家族から医師に早めに家に戻したいといった希望を伝えることが大切となってきます。

病院から家に戻るときには、その後に起こりうる変化を医師に確認しておき、入院中に家で過ごすための体制を整えておきます。

家に戻ってからは、医療者を中心とした支援体制のもとで、短期決戦を念頭におく必要があります。がん特有の症状や疼痛《とうつう》コントロール等の医療処置が必要な場合、あるいは、そうした症状を穏やかにする「緩和」が難しい場合は、在宅ホスピス緩和ケアを専門としている在宅医をかかりつけ医とする選択があります。

日本在宅ホスピス協会のホームページ「在宅ケアデータベース」は、在宅ホスピスを実施している医療機関をデータベース化してありますので、検索をしてみるのもよいでしょう。

在宅緩和ケア充実診療所（▼66ページ）といって常勤の医師３名体制で24時間３６５日のサポートを行い、終末期がんの看取りの実績がある診療所を探すことも大切です。

終末期のがんは、診断を受けてから家で過ごせる時間が限られています。先の変化を見越しながら、先手先手に準備をしていくことが必要です。逆にいえばがんは死の時期、つまり死期が予測しやすく、ケア終了のゴールが見えやすいだけに、家族は集中して関わることができるともいえます。

老衰や認知症の看取りのポイントは？

□徐々に変化する病気とともに衰えていく場合、生活するための介護が必要となる

□平均的な介護の期間は10年であり、おおまかにはその期間を経て死に至る

□長期戦の準備をして看取りに臨む

高齢になるほど緩やかに変化する

がん（悪性新生物）は日本人の死因の第1位となっていますが、85歳を超えて死に至る場合には、がん以外の死因が増加します（▼図4）。心疾患、脳血管疾患、肺炎、そして老衰などです。がんでも

【図4】高齢者年齢階級別に見たおもな死因

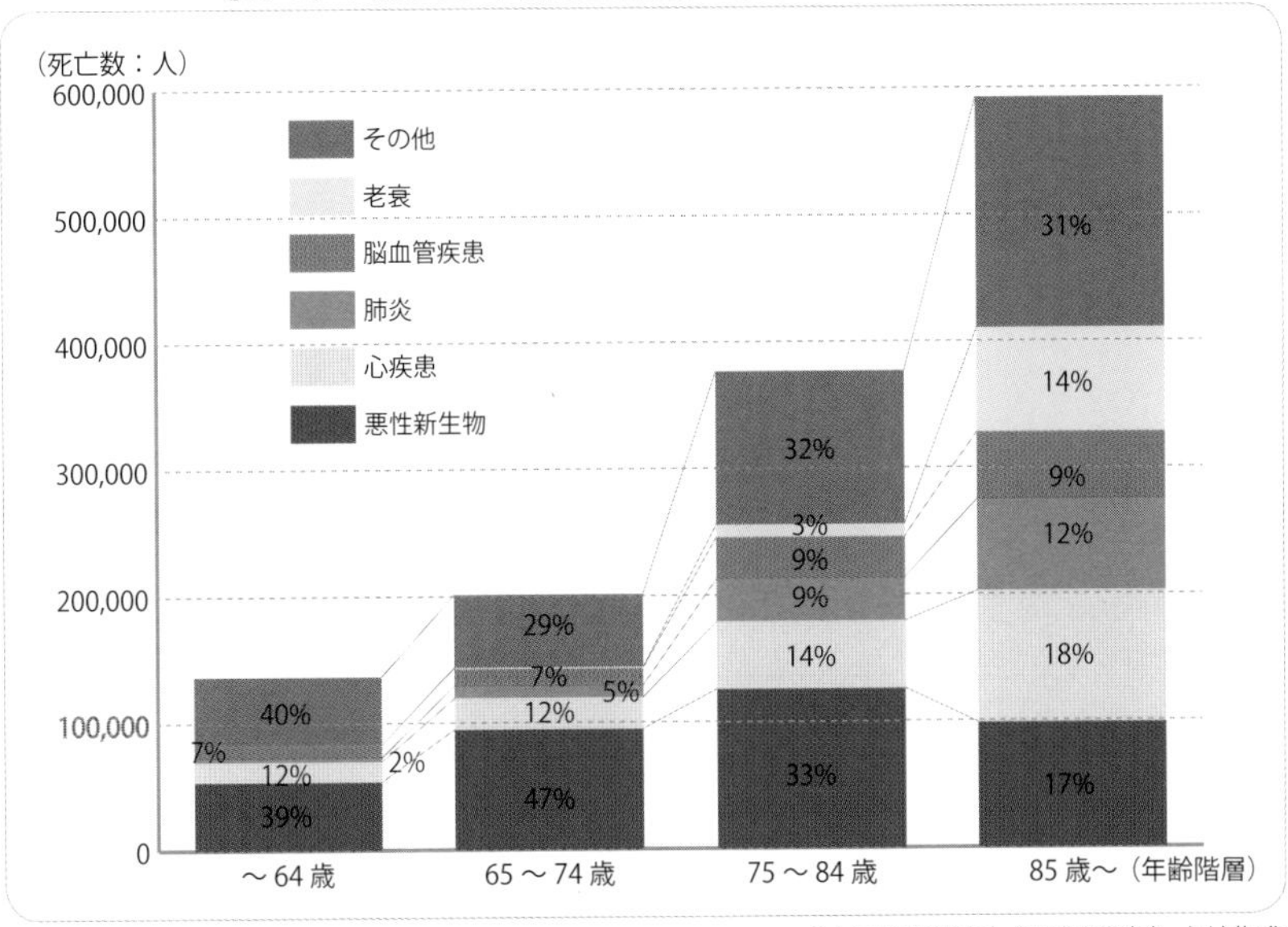

＊「人口動態調査」（平成28年）より作成

より高年齢になってから診断された終末期がんは、一般的な終末期がんより進行が緩やかなことがあります。

また、認知症や老衰の経過は一般的に年単位で変化します。したがって、どこからがいわゆる生命の終末期なのか、医師等の専門家でも看取りの時期を見極めにくいことが少なくありません。

徐々に変化する慢性的な病気をもちながら衰えていく場合、病気や心身の障がいとともに生活することになり介護が必要となります。

がん以外の看取りは長期戦のかまえが必要

介護が必要となってから死に至るまで、平均的な期間はどれくらいでしょうか。

健康寿命、つまり介護等を必要とせず自立した生活ができる平均的な生存期間は、男性は約72歳、女性で約75歳です。それぞれ平均寿命は約81歳、約87歳ですから、その差、つまり日常生活に支障があり介護を受けて過ごすかもしれない平均的な期間は、男性で約9年、女性で約12年です（いずれも執筆時の最新データから計算）。

もちろん個人差はあります。１００歳でも元気で自転車に乗っている高齢者もいれば、脳梗塞《のうこうそく》などの脳血管疾患などにより60代以前から障がいをもち、介護が必要となってから20年以上経過しているという高齢者もいます。

個々の経過を見ながら、看取りの時期を判断していくことになります。

介護の期間が長くなると、介護をする家族も疲れてきます。介護がいつまで続くのか、ゴールが見えないことが気持ちの負担になります。がんのケースと異なり長期戦を前提として、介護保険などのサービスをじょうずに使いながら看取りを乗り越えていくことがよいと思われます。

24時間365日の体制づくり

病院が安心できる理由を考えてみましょう

- □病院は常時、医療者による観察と適時の対応が期待できる場である
- □家でも医療者による適時の支援は、必要である
- □家を病室として、常時、医療者等に連絡できる体制を整える

病院の看取りも大切である

病院での看取りが安心できると思われるのは、どのような理由からでしょうか。

❶医師、看護師等の専門職が常に近くにいる
❷そのため、状態の急変に対応してもらえる
❸素人ではできない状態変化の判断が、専門家によって行われる
❹日中から夜間をとおして、24時間365日の対応がなされる

などが理由としてあげられると思います。

病院は専門職にお任せできる安心感があり、苦しそうであれば何らかの医療的な処置を期待することができます。

「本人が入院を望み、家族も入院していてほしい」のであれば、病院で看取りを進めることもよいと考えます。

医療が限定された場でも看取りは行われている

介護保険施設のひとつである特別養護老人ホームはもとより、認知症の高齢者が共同生活を送るグループホーム、また自宅など医療の専門家がいない状態で、医療的な処置がなくても看取りが行われています。近年の傾向として、高齢者が生活する介護保険などの施設、また自宅といった生活の場での看取りは増加しています（▼図5）。

グループホームは介護職員だけで運営されており、医療設備はなく普段から行うことができる医療処置も限られています。そうした条件のもと、訪問する医師や看護師と連絡を取り合い、家族と話し合いをしながら看取りを行っています。

私が施設長をしておりました特別養護老人ホームでも、施設内で高齢者の看取りをしていました。病院で行われる医療処置の点滴もしないまま、という

【図5】死亡の場所別に見た年次別死亡数

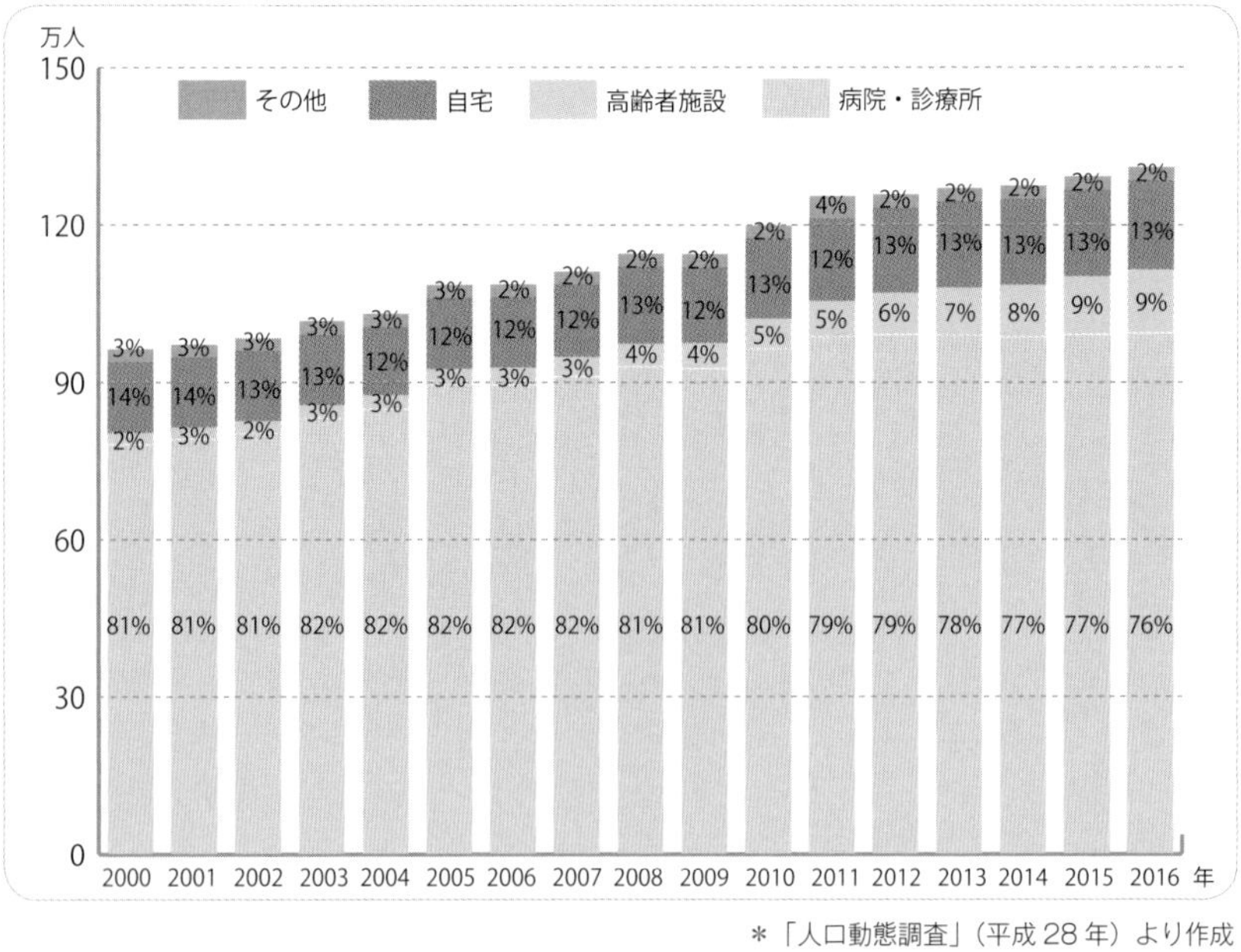

＊「人口動態調査」（平成28年）より作成

ことは高齢者に点滴の針を刺すこともなく、酸素吸入もしない状態で、高齢者の方々は比較的穏やかに最期を迎えておられました。

専門職の助けを借りて病院に近い体制をつくることは可能

生活を中心とした看取りの場でも、専門家による適時のサポートは大切です。

現在は在宅医療サービスや介護保険サービスによって、生活の場で医師や看護師といった医療の専門家によるサービス、また介護サービスが受けられるようになっています。

24時間365日、電話で専門職に連絡を取り、そのときどきの状況を伝え対処法の助言を得ること、また必要に応じて夜間でも緊急訪問が受けられる体制を整えることが可能です。そうした体制を整えることが、「お別れプロジェクト」の第一段階であるといえます。

また、家族の協力体制によっては、入院して受ける処置やケアより、家でのケアのほうが適時に迅速に行われることもあるのです。

一般に患者は病院のナースコールを押すまでに、「もう少ししてから……」と我慢しがちです。また要件を伝えても、すぐに対応がされないこともあります。その点、家族には遠慮なく要求を伝えることができ、追加の薬も事前に指示をもらっておけば、痛み止めなど待ったなしで使うことができます。

家が「病室」であり、電話が「ナースコール」です。こうした24時間365日の体制を整えることができれば、街全体が医療や介護が張り巡らされた「病院」のようになるといえなくもありません。

早めに在宅医を定めることが必要です

- □家で看取る場合、最低限「在宅医」が必要である
- □日常的に在宅での看取りを行っているなど、探すときの要点がある
- □病気によっては専門の在宅医がよい

まずは、「在宅医」を探すことから

家で看取りを行う場合、訪問し在宅医療を行う医師、つまり「在宅医」は必ず必要です。

次の項でも述べますが、家で誰かが死んだときに、医師にしか書くことができない「死亡診断書」が交付されなければ、警察に連絡し検視を受けなければならなくなるからです。逆に在宅医の訪問診療がある体制を整えていれば、あとは家族だけで看取ることも可能です。実際にそうした例もあります。

家で看取りをするかどうかはわからなくても在宅医が往診する体制を整え、経過を見ておいてもらうことはよいことです。高齢者が家の中で急に動けなくなり救急車を呼ぶかどうか迷ったとき、状況を連絡し判断をお願いすることができます。

また、病院への搬送が必要となった場合、在宅医が連携している病院の紹介を受けられたり、介護保険申請の際に必要な「主治医の意見書」の作成などをとおして経過を知っておいてもらえば、家で突然死となった際も、死亡診断書を書いてもらえます。

「在宅医」を探す方法はいろいろある

在宅医を探す方法はいくつかあり、代表的な探し方は次のとおりです。どれも無料のサービスです。

❶入院している場合は病院の「相談室（地域連携室、医療相談室等、病院によって呼び名が異なります）」を訪ねて紹介を受ける。

❷市区町村の高齢者が住んでいる地域を担当している「地域包括支援センター」（民間に委託されているが公的機関である）に問い合わせる。担当する地域包括支援センターがわからなければ、市町村の代表番号に電話して聞いてみる。

❸介護認定を受け、すでに介護サービスを受けていれば「ケアマネジャー」に聞いてみる。

❹がんの症状について在宅での緩和医療が必要である場合、インターネットの「在宅ケアデータベース」（日本在宅ホスピス協会）で検索する。

❺その他、近所の人からの口コミ、インターネット等で探す。

探し方のポイントとなるのは、次の点です。

● 24時間、日曜日や休日も緊急往診が可能か

▼「在宅療養支援診療所」の施設基準を満たしている。インターネットの在宅療養支援診療所（日本訪問診療機構）で検索可能

▼「在宅緩和ケア充実診療所」は、「在宅療養支援診療所」の中でも在宅での看取り率が高いといった特徴がある

● ほかの医師との連携によって、24時間365日、必ず往診対応がなされるか

● 自分の方針を押しつけない。家族の思いを大切にしてくれるか

また、症状の変化や疼痛《とうつう》の管理等が必要な終末期がんは、それらの薬物療法等に知識と実績がある在宅ホスピス医のほうが安心できます。病気によっては、家で「治療」を並行して行うことで、看取りの際の苦痛が取り除かれ穏やかさがもたらされること

があります。このためには、そうした病気の専門医による医療が必要となります。

また、これといった病気や症状がない場合は、一般的な診療とケア全般への気配りがじょうずな在宅医がよい場合があります。

知っておきたいコトバ

往診

通院が難しい患者やその家族から依頼を受け、医師がそのつど居宅に出向いて行う「不定期」な診察のこと。「容体が急変した」「急に症状が現れた」などの突発的な必要によって患者さん宅に訪問して診療を行います。医療保険が適用されます。

訪問診療

通院が難しい患者の居宅へ訪問して「定期的」に診察を行うこと。医療保険が適用されます。

在宅療養支援診療所

24 時間の連絡・往診ができる体制を確保し、他の保険医療機関との連携により、在宅療養患者の緊急入院を受け入れる体制を備えています。

この中でも、3 名以上の常勤医師の在籍、過去 1 年間の緊急の往診実績 5 件以上、過去 1 年間の看取り実績 2 件以上などの要件を満たした診療所は、「機能強化型在宅療養支援診療所」と呼ばれます。

在宅緩和ケア充実診療所

在宅療養支援診療所の中で、在宅医療担当医が 3 名以上、過去 1 年間の緊急往診実績が 15 件以上、過去 1 年間の看取りの実績が 20 件以上などの基準を満たし、指定を受けた医療機関のことです。

「死亡診断書」が交付される意味とは

□最低限の条件として「死亡診断書」が交付される状態をつくっておく
□在宅医による具体的な医療が提供されないまま、死に至ることがある
□医療がなくても死に至るほど、理想的な経過であったと考えられる

「死亡診断書」は継続して診療していた医師が書くもの

家で看取りを無事完遂するため重要なことのひとつは、「死亡診断書が交付される状況をつくっておく」ことです。この状況の鍵となるのは、家に訪問診療をしている在宅医がいることです。

在宅医が家で死に至った高齢者を診療していれば、目の前でその死を見ていなくとも、また訪問をしてから時間がたっていても、病気の経過で起こった死と判断されれば「死亡診断書」を書いてくれるでしょう。

死亡診断書は継続的に診療していた医師が書くことが法律で義務づけられています。在宅医がいない、また在宅医がかかりつけ医であっても診療していない場合は死亡診断書が交付されず、「異状死」として警察の検視が入ることになります。

死に至ったあと、「医者は何もしてくれなかった」「死に際にも来てくれなかった」と嘆く家族がいますが、医師が医療的な処置をするまでもない、あるいは医療処置をすればかえって本人に負担を与える場合、何もしないことがあります。

また徐々に衰弱し死に至る高齢者の場合、医療的な処置はほとんど、あるいはまったく必要ないことが多いのです。食べたり飲んだり、排泄《はいせつ》をしたり、

体をきれいに保ったりといった日常的なケアだけで、死の「そのとき」まで過ごすことができます。

「医師が何もしてくれなかった」という状況はそれだけ、理想的に経過していたともいえるのです。

在宅医を決めておくことのメリット

必要最低限の訪問診療をしながら、日常的なケアを看護師やヘルパーなどの専門家に委ねてくれる在宅医は、ケアを提供する側からはやりやすい面があります。「死亡診断書だけ書けばいいんだよね」と在宅医が言ってくれれば、本人・家族と調整をしながら看取りが良好に進むことがあるからです。

また、高齢者の死の前にわずかな量の点滴をする在宅医もいます。それは死にゆく本人にその必要があるからではありません。家族の気持ちの安堵《あんど》のためです。何もしなかったことに家族が自らを責めることがないようにという在宅医の家族への配慮です。


在宅の看取りでは、死に際に医師がいない場合がほとんどです。いなくても死亡診断書は交付されます。日ごろ医師が診察をしていれば問題ありませんし、24時間以内に医師が診察をしていれば、死後あらためて診察をしなくても死亡診断書を交付できます（医師法21条）。

気の置けない家族だけで大切な人の旅立ちをしっかり見届け、ゆっくりお別れの時間をもつことが大切です。

死に際に医師がいなくても、死亡診断書は交付されます。次のページのコラムを参照してください。

死に立ち合っていなくても医師は「死亡診断書」を発行できる

「死亡診断書」について、専門職の中でも誤って理解している人がいます。

誤解❶ 死亡時に医師が立ち合っていない場合、死亡診断書は書いてもらえない

誤解❷ 死亡時からさかのぼり 24 時間以内に医師が診察していない場合、死亡診断書は書いてもらえない

上記の2つとも、間違いです。死亡時に医師が立ち会っている必要はありません。また医師が診察後、24 時間、つまり 1 日以上経過していても、死亡後に診察し死因が診療していた傷病に関連したものであれば死亡診断書は交付されます（平成 24 年 8 月 31 日付 厚生労働省医政局医事課長「医師法第 20 条ただし書の適切な運用について（通知）」）。主治医との連絡がスムーズにとれる状態で、主治医が診療中の疾患と関連する原因で死亡したことが確認できれば死亡診断書が発行されます（▼図 6）。

【図6】「死亡診断」と「死体検案」の流れと区別

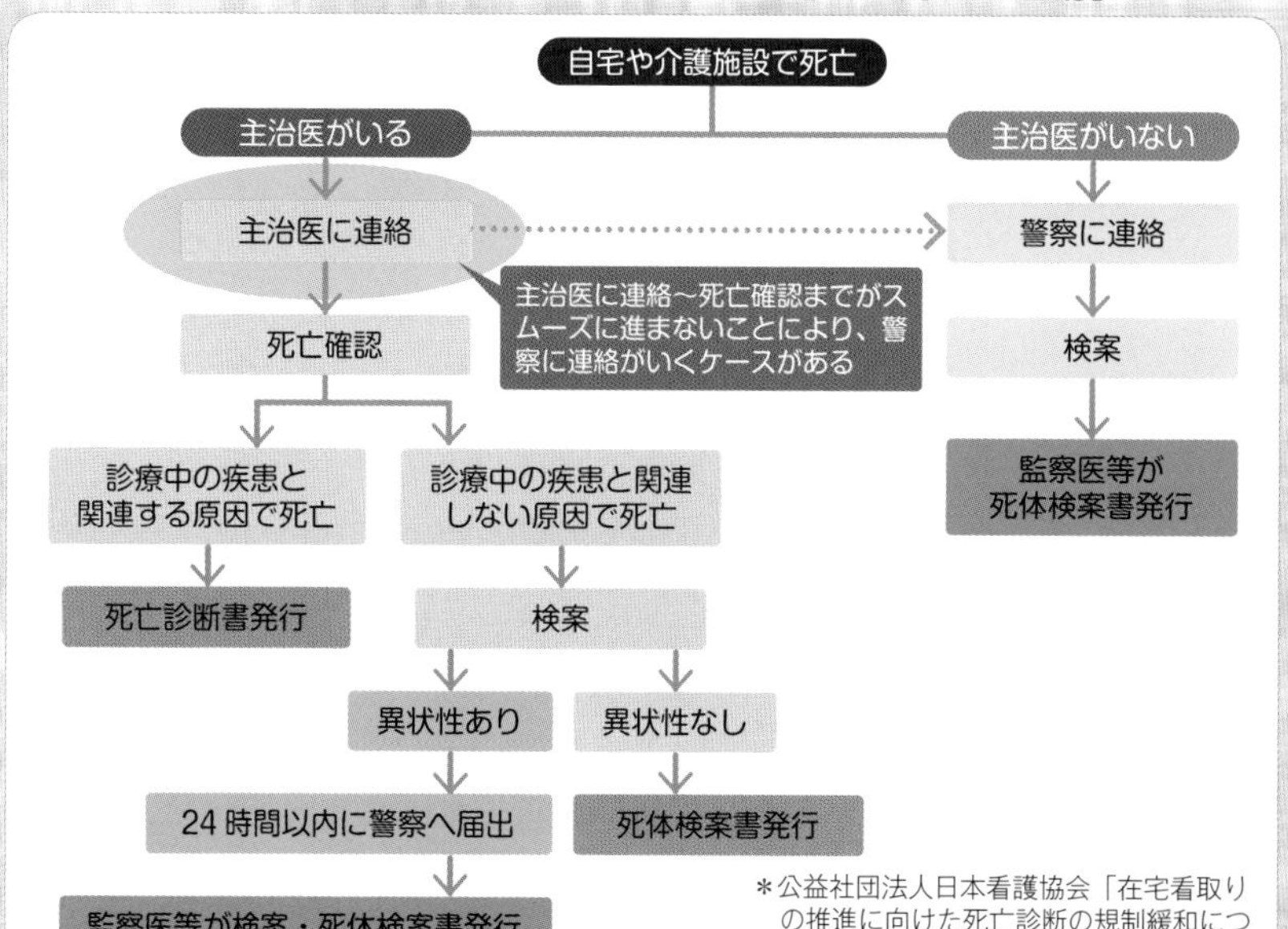

＊公益社団法人日本看護協会「在宅看取りの推進に向けた死亡診断の規制緩和について」（2015 年）より作成

訪問看護ステーションを決めましょう

□在宅医とともに訪問看護ステーションは欠かせない
□訪問看護ステーションを先に決め、徐々に在宅医を決める方法もある
□24時間365日対応の訪問看護ステーションは心強い

訪問看護師は心強い味方

在宅医とともに家での看取りを支えるために欠かせない医療の専門家は、訪問看護師です。

在宅医は診療所やクリニックに所属していますが、訪問看護師は、訪問看護ステーションに所属しています。訪問看護師は常に何人かでチームをつくって活動をしていますので、在宅医のように特定の人物を指す用語ではなく、ここでは訪問看護師の集団の意味で訪問看護ステーションと呼びます。

訪問看護ステーションを決める順序は、大きく分けて2つ考えられます。

そのひとつは、病院から家に退院する場合です。家で継続的な療養が必要となれば、入院中に病院内にある「相談室（地域連携室、医療相談室等、病院によって呼び名が異なります）」を紹介されます。そこで、在宅医とともに訪問看護ステーションを紹介してもらうことになります。

もうひとつは、家では特に医療の必要はないけれども退院してから介護を受ける場合、また家で介護を受けて過ごしている場合です。この場合は、介護を受けるための介護保険の認定が必要となります。要介護の認定を受けたあとにケアマネジャーを決め、ケアマネジャーと相談をしながら訪問看護ス

テーションを決める流れとなります。

在宅医を決める前に、訪問看護ステーションを先に決めることも可能です。

大きくはこの2つの流れとなりますが、退院時の高齢者の状態、たとえば終末期がんで専門の在宅医を早急に決めなければいけないのか、または、いちおうは安定しているので家に戻ってからおいおい決めていくのかといったように、状態の切迫性によっても決定の方法、順番は変わってきます。

在宅医の前に訪問看護ステーションを決めてもよい

もしすぐに在宅医を決めなくてもよい状況なら、先に訪問看護ステーションを決め、看護師に在宅医の紹介を受ける方法もよいやり方です。

訪問看護ステーションの訪問看護師は地域で活動する在宅医の専門分野、また高齢者の状態や家族の様子からマッチングする在宅医を提示してくれるでしょう。

地域の訪問看護ステーションは、在宅医の特徴など、経験のうちに積み上げた「裏情報」をもっている場合があります。訪問看護ステーションと在宅医は二人三脚ですから「あうん」の呼吸で協働できることも大切です。

看取りまで引き受けられる訪問看護ステーションは、24時間365日対応の体制を取っています。具体的には看護師はチーム体制を敷き、毎晩交代で夜間に受ける携帯電話の持ち回りをしています。在宅医に尋ねるには気がひけるような些細なことも、看護師には尋ねられる気楽さがあります。

訪問看護ステーションは、在宅医が行う医療的な処置の補助から看護やケアの方法の提供、死亡時にはすぐに出動し家族へのケアから死後のケアまで、家族が行う看取りに一緒に走ってくれる「伴走者」のような心強い存在となってくれるはずです。

介護保険の要介護認定を受け、ケアマネジャーを決めましょう

□終末期がんの場合、先を見越し早めに要介護認定を受ける

□在宅医、訪問看護ステーション、介護保険のケアマネジャーは、人員体制の3本柱となる

□看取りはケアチームの共同プロジェクトで、総合力が重要である

ケアマネジャーの探し方にはいろいろな方法がある

家での看取りを進めるなかで、高齢者は介護が必要な状態になっていきます。医師から終末期がんと告げられても、本人が歩けていると介護保険を使うのはまだ早いと思うかもしれません。しかし、終末期がんは急に変化するので、先手先手の手続きが必要です。介護保険の要介護認定だけでも受けておくとよいでしょう。

介護保険を使って電動ベッドを借りたり（福祉用具貸与）、訪問看護ステーションやヘルパーさんを利用したりする場合は、まずケアマネジャーを決めなければなりません。家での看取りのケアマネジメントを経験しているケアマネジャーがよいと思います。特に短期決戦である終末期のがんの場合などは、先の展開を見越して手配ができるケアマネジャーが望ましいです。

その見つけ方はいくつかあります。退院前なら、やはり病院の「相談室（地域連携室、医療相談室等、病院によって呼び名が異なります）」で紹介を受ける方法があります。入院はせずに家で暮らしている状況から始めるのなら、住んでいる地域を担当する地域包括支援センターに相談することもできます。

在宅医が決まっていれば、訪問看護ステーションと同様にケアマネジャーを在宅医に紹介してもらう方法もあるでしょう。または看取りをしている訪問看護ステーションはケアマネジャーをよく知っているので、訪問看護ステーションから紹介を受けることもできます。訪問看護ステーションはケアマネジャーがいる事業所を併設していることもありますので、訪問看護ステーションとケアマネジャーの両方を同じ事業体からお願いする方法もあります。

看取りはさまざまな職種が連絡を取り合って、そのときどきの変化に合わせ「もっとも最適な状態」をつくっていく共同プロジェクトです。互いの専門性を尊重し、高齢者本人、家族ができる限り満足できるよう、共同体として総合力が発揮できることが大切です。医師や看護師に直接言いづらいことがあれば早めにケアマネジャーに相談し、具体的に改善していくことがよいと考えます。

知っておきたいコトバ

福祉用具貸与

電動ベッド、褥瘡予防のエアマットなどのレンタルを受けられます。ケアマネジャーと立てる「サービス計画」によって、貸与する物品や付属品等を決めていきます（▶ 110-111 ページ「ふさわしいベッドを整えるための工夫」）。

ケアマネジャー

要介護１～５の認定を受けたら、ケアマネジャーと一緒に「サービス計画」を立てます。ケアマネジャーは民間の「居宅介護支援事業所」というところに所属しています。ケアマネジャーの利用は無料です。

訪問介護（▶ 78 ページ）

各家庭に訪問し、食事づくりや食事の介護、排泄や入浴等の身体介護を行います。ケアマネジャーとホームヘルパーで立てる「サービス計画」に沿って訪問回数や時間帯を決めていきます。訪問介護を行うホームヘルパーは、「ヘルパー」と通称されています。

しっかりした連絡体制づくりが大切

連絡体制を明らかにしておきましょう

- □家族は、看取りのプロジェクトチームの重要な一員である
- □緊急時の連絡体制ははっきりさせ、紙などに書いて目立つ場所に貼りつけておく
- □不明なことは尋ねられる関係をとおして、ケアチームはよりよいものになる

緊急時にはどこに連絡すべきか明確にしておく

看取りに関わる在宅医、訪問看護師、ケアマネジャー、各種のサービス担当者らによる体制が整う段階が、プロジェクトの第1ステップです。

そして、実際にこの体制を機能させていく段階がプロジェクトの第2ステップです。このプロジェクトチームには、高齢者本人も家族もその一員であるという自覚が必要です。誰かに任せたまま自分はその傍観者、お客様であるという立ち位置では、よい看取りはできません。

看取りから死に至るまでに起こること、起こる可能性のあることについて、在宅医や訪問看護師などの専門職からおおまかに聞いておきます。死が近づくにつれ、高齢者の容態は変化します。家族はそうした死に向かう変化について救命が必要な「急変」ととらえ、救急車を呼ぶなどの対処が必要と考えます。

看取りにおける「急変」には「救命」は必要ではありません。そのまま静かに死に「ソフトランディング」、つまり衝撃をやわらげながら到達できる配慮が必要です。

そういってもはじめての経験では、あわてることが多いと思われます。そのため、どうしていいかわからないときは、まず「在宅医」または「訪問看護ステーション」から示された24時間対応の電話に連絡を入れましょう。

家で看取ることを知らない人が偶然に家にいても間違わないよう、緊急連絡先を知らせるメモ（▼図6）を、ベッドの近くや固定電話のあるところなど、目立つところに貼っておきましょう。

どんなに説明を受けていても、いざその場面になるとパニックに陥ります。つい救急車を呼んで、意図せぬ延命措置を受けることになるなど、高齢者や家族の希望と180度異なる展開となることがあります。

【図6】緊急連絡先を知らせるメモの例

緊急時 連絡先

◯◯ 様

様子がおかしいときに、絶対に「救急車を呼ばないで」次の順に連絡を入れてください。

1	◯◯クリニック	090-0000-0000
2	◯◯訪問看護ステーション	090-0000-0000

落ち着いて次のように伝えてください。
〔例〕「◯◯町の◯◯です。息をしていないように見えます」

緊急時にはどこに連絡すべきか明確にしておく

家での看取りにおいて、「急変」などが起こったとしてもあわててどこかに連絡を入れる必要はないといえます。

状態が急変したようでも、また呼吸が止まってしまっても、家で看取ることにしたのならば、そのまま経過を見ていればいいのです。

呼吸が完全に止まるまで、居合わせた家族全員で声をかけながら見届けられるほうがよいと考えます。旅立ちを見送り、家族みんなで高齢者の死を受け止められたら、それから在宅医に連絡をすればよいのです。

さて、看取りのプロジェクトのチームワークを向上させるためには、迷ったり困ったりすることは、遠慮なくそのつど、医師、看護師ら専門職に尋ねることです。聞かれる側は「こうしたことが伝わっていなかったのか」と振り返る機会になります。

またその質問をする姿勢や内容から、高齢者のことを家族が大切にしている姿勢が伝わり、専門職は、家族と一緒に看取りを乗り越えようという気持ちになるはずです。コミュニケーションの積み上げが、お互いを緊密に結びつけるのです。

「急変」が起こってもあわてて救急車を呼んだりせずに、最期のお別れのときを家族できちんと見届けましょう。

療養環境を整えましょう

□どんな暮らしの場でも看取りはできる
□賃貸住宅の場合は、大家さんに声をかけておく
□介護用ベッド（レンタル）は、基本的なアイテムとなる

どのような家でも看取りの環境は整えられる

暮らすことができている家であれば、その広さや使い勝手に関係なく、どのような家でも看取りの場にすることができます。

持ち家や所有するマンションであれば問題はありませんが、賃貸住宅であれば大家さんに確認しておいたほうが、後のトラブルを避けることができるでしょう。

看取りをするために、住環境の変更は必要ありません。いつも過ごしているような状況の中で暮らし続けられることが大切です。

床に置いた布団でも悪くはないですが、本人が動けなくなるに伴い体の向きを変えたりトイレの世話が必要になったりしてきます。そうなったときには、介護保険でレンタルができる介護用ベッドが家族にとって便利で、かつ足腰にかかる負担を除いてくれます。

介護用ベッドは電動なので、ボタンを押せばモーターが動いてベッド全体を上げたり下げたりでき、また上半身を起こすこともできます。

不要となればレンタルですからすぐに返却ができます。最低限の環境の変更として介護用ベッドはお勧めしたいと思います。

オプションとしての介護サービス、その他のサービス

- □気持ちの余裕をもって高齢者に関わることができる状態をつくる
- □介護保険で利用できるヘルパーなどのサービスを活用する
- □余裕をもって看取りを進められるように他者の力を借りる

気持ちに余裕をもって看取りを続けられる体制を整えよう

家での看取りの期間が長くなると、家族は疲れてきます。疲れているいっぽうで、自分の力でやり通したいと考える家族も多いです。それもよいですが、できれば家族は気持ちに余裕をもって、高齢者に接していられる状態でいてほしいと思います。

介護保険で要介護認定を受けていれば、次のような介護サービスが使えます。

❶ **定期巡回・随時対応型訪問介護看護**　日中と夜間を通じて訪問介護と訪問看護が定期的に、また随時の連絡を受けて、家庭を訪問するサービス。「サービス計画」に沿って訪問回数や時間帯を決めていきます

❷ **訪問入浴**　寝ているベッドの隣まで簡易浴槽を持ち込み、高齢者を浴槽につけ頭を洗い身体を洗います

❸ **薬剤師による居宅療養管理指導**　かかりつけ医からの指示が必要。訪問して薬を自宅まで届け、薬の使用のアドバイス等を行います

その他にも住んでいる地域の行政が独自に提供しているものがあります。ケアマネジャーと相談しながら、家族が介護に関わることができる労力や時間によって、サービスを調整することも大切となってきます。万全の体制づくりは無理かもしれませんが、状況のなかで折り合いをつけながら進めていくことも看取りプロジェクトには必要です。

間際になって看取りを恐れた家族

その長女は明らかに動揺していました。母親を家で看取ることを決めていたのに、母親が目を開けなくなり、水分ものどを通らなくなっていたからです。「見ていられないんです、非情な気がして……。いっそ誰かに任せてしまえば楽なのですが……」と病院に搬送することを考え始めていました。

ところが長女の手を借りながら一緒におむつを替え終えたとき、「やってみます」と正面を見据え覚悟をし直したかのように言いました。

「何かあればすぐ来ますから」とその場をあとにした未明、「最高の看取りでした」と長女は電話口で言いました。コックリコックリと最後の呼吸になったとき、遠くに住む自分の妹に電話し、受話器を母親の耳に当てて、その声を聞かせたそうです。

「葬式は義理で来る人は呼ばず、身内だけでやります」と長女はきっぱり言いました。看取りを乗り切ったその姿は、ひとまわり大きくなったように見えました。

家での看取りに向かう覚悟と、転ばぬ先の杖《つえ》

「覚悟」するとは
どういうことでしょう?

□家族が看取りの「覚悟」を積み重ねていくことが重要である
□つらいことは、看取りに関わっている誰かにこぼせる関係が大切である
□看取りを終えた家族は、大きく成長する

家で看取るという家族の覚悟が大切になってくる

「お別れプロジェクト」の体制づくりとそのチームメンバーとの連携やコミュニケーションがプロジェクトの第一課題です。そしてなんといっても、家で看取ることを具体的にするとき、家族の「覚悟」が土台となっていきます。「もっともよい状態」で死に到達させたいという家族の意思と尽力が看取りを結実させていきます。

　生まれてからずっと一緒に過ごしてきた親や家族を看取る決断をすることは、つらい経験です。一度決めても、これでいいのだろうかと逡巡《しゅんじゅん》することもあります。

　ある認知症の奥様について在宅医からの説明を受けたご主人は、客観的に考えても看取りの時期にあると理解されたかに見えました。認知症の奥様を献身的に介護され、10年が経っていました。歩けるこ

ろは奥様の手を握り、やがて奥様の腕を抱え名前を呼びながら散歩をされていました。

そして、寝たきりで飲食もとどこおるようになると、家で看取りたいと在宅医に伝えました。

看取りのチームとの交流も順調でご主人も看取りを受け入れたかと思ったころ、在宅医や訪問看護師には見せなかった暗いつらい表情で、訪問したケアマネジャーに「わかっています、わかっているけれど、いつまでも一緒にいたいのです……」と慟哭《どうこく》されたのでした。

悲しみを乗り越えた先には成長がある

別れのときがくるというのは、仕方がないことといったん決心をしても、その気持ちは揺らぐことがあります。看取るということは、家族の気持ちが揺らぐことの連続かもしれません。

また、看取りのケアチームが一生懸命関わっていると、家族が弱音を吐けなくなることがあるかもしれません。そうしたなか、看取りにいろいろな立場の人が関わっていることのよい点は、本音をこぼせるヘルパーやケアマネジャーなどがいることです。

抱えても余りある苦しい気持ちを、誰かにこぼすことはよいことです。自分の本当の気持ちと向き合う機会をもちながら、家で看取る覚悟を積み上げて行かれればよいと思います。

そうして家での看取りを遂げさせた家族は、大きな仕事をやり終えたようにひとまわり大きく見えます。自分たちが覚悟を決め大切な家族のひとりを見送った家族は、悲しみを背負いながらも看取りをやりきったことに充実して見えます。

先に紹介したご主人は、奥様の呼吸が止まり、死が明らかになったとき、大きな声でほんとうに子どものようにわんわんと泣いておられました。その姿は潔く妻を愛しきった男の姿であり、格別に輝いて見えたのです。

家族みんなで関わることが大切です

□家での看取りの方針をひっくり返す「伏《ふく》兵《へい》」が家族内にいることがある
□家族、関係者全員の合意を積み上げていく
□子どもたちも一緒に、看取りから最期のお別れを経験する

全員の合意を得ておかないと看取りの方針が変わることもある

家族の覚悟も固まり看取りを進めていたところ、それまで「介護に関わっていなかった」、したがって「経過を見ていなかった」親族、または家族が現れ、看取りの方針をひっくり返してしまうことがときどきあります。

看取りに関わっている専門職の中では「遠くの親戚が現れ……」と言うと、すぐにその中身が共通理解されるくらい、しばしば起こる事態なのです。

これまでの私の経験の中では、

「このまま放って置くつもりなのか」

「一度、病院でしっかりと見てもらったほうがよいのではないか」

「見殺しにするつもりか」

といった発言をする方がいました。

こうした言葉はそれまで介護に携わってきた家族を困惑させ、またひどいことをしているのではないだろうかという自責の念を引き出します。

こうした発言をする人たちは、それまでの経過を知らないまま、突然衰弱した高齢者の姿を見て、死に至るための看取りが進んでいることにも戸惑ってしまうのでしょう。

なんとか自分ができることはしておかなければならないという気持ちもわかります。

家族、関係者全員でよく話し合っておくことが重要

しかし、看取りに至るまでのケアに加わらず、看取ることの選択に積極的に参加していない家族や親族が突然看取りの方針をひっくり返すことは、できる限り避けなければなりません。

したがって、なかなか高齢者本人に会いに来られない家族には、近況を折に触れて伝え、考えを聞いたり判断を投げかけたりすること。その判断には責任をもつように伝えること。また、重要な話し合いの場には、関係者全員が集まることを強くお勧めします。

家族の中の小さな子どもであっても、事実を伝えることは大切です。最期の息を引き取る場面に子どもが居合わせながら、その様子を見せまいとする家族がいます。

子どもは近寄ってはいけない何か恐ろしいことが起こっていると思い、恐怖で体を震わせ泣いている場面も経験したことがあります。

「大事なお別れのときだから、一緒にいようね」と声をかけると、子どもたちは子どもたちなりに人が死に至る様子を受け止めていきます。子どもたちが疎外感をもたないよう、隠さずに一緒に最期の様子を見守っていくことがよいと思います。

一緒に看取りに関わってきた子どもたちなら、最期のときもきちんと受け止めることができるはずです。

葬儀屋さんと顔合わせをしておきましょう

□高齢者の死後、それまでのケアチームとの関係が突如として終わってしまう
□死後もスムーズに事が運ぶよう、準備をしておくことも必要である
□葬儀予算等を含め、事前に葬儀屋さんとの関係を築いておくとよい

看取りが終わると、家族はいろいろな手続きをこなす必要がある

現在の制度では、死亡診断が行われた時点を境に、看取りに関わった医師や看護師、ケアマネジャーといった専門職ケアチームとの関係は終わってしまいます。

しかし、看取りを終えると、家族はそれまで経験したことがない手続きをこなさなければならず、多少なりとも混乱します。家族にとっては未体験の危機的な局面に立たされるときですから、ケアチームが引き続きそうした家族の支援ができればいいのにと考えます。

地方では住んでいるコミュニティの中で、近所の方々がいろいろな手続きや葬儀の段取りなどを進めてくれるかもしれません。私は都市部で看取りに携わっていたのですが、死亡診断書が発行されたあと、家族らが「はじめてのことで、これからどうすればよいのでしょう」と私たちに尋ねるケースが多くありました。

最近は地域とのつながりが薄くなり、経験もなく知識もなく、死後の手続きや進め方についてどうしてよいのか迷われることがあるでしょう。死に至る前、気持ちに余裕があれば、その後の手続きについても心づもりや準備ができればよいと思います。

葬儀（またはお別れの会）の準備をしておく

　人が亡くなると、そのご遺体をどこに安置しておけばよいのか、死亡診断書をどうすればよいのか、亡くなったことを誰に知らせたらよいのか、葬儀の形式やスケジュールは……などなど、それまで考えもしなかったことを次々と具体的に決め、対処することが必要となります。現実感がないまま、事務的な手続きに翻弄《ほんろう》されることになります。

　ある家族は看取りを進めているときに、「こんなことを今からお聞きするのもはばかられるのですが、葬儀には、いくらくらい用意しておけばよいのでしょう」と尋ねました。高齢者本人が死亡すると銀行の口座が凍結されてしまうため、その預金口座から払い戻しを受けるためには、相続人全員の同意または遺産分割が必要となります。事前に本人の口座から必要な現金を用意しておくことも必要です。

　また高齢者の死後、あわてて高額な葬儀を選んでしまったという例もあります。前もって信頼できそうな葬儀屋さんを選び、段取りをしておくことも大切なことだと考えます。

　今はいろいろな葬儀のしかたがあります。家にご遺体を安置し、家族だけで会食をするケース。本人が好きだったという花だけを棺の前に生け、思い出を語る会を催すケース。お孫さんが棺の前で「アメージンググレース」を歌い上げるなど、家族それぞれが自分たちで見送る気持ちのこもったお別れの式は印象に残っています。

❶ 葬儀の場所の希望を明らかにしておく
❷ 葬儀予算を明らかにしておく
❸ 葬儀屋さんとの人間関係を築いておく
❹ 亡くなったことを連絡する人（葬儀に呼ぶ・呼ばないかを含め）を明らかにしておく

　こうしたことを事前に準備しておくとよいのではないかと思います。

「ひとり死」の準備について

在宅での「ひとり死」は可能でしょうか?

- □本人の意思と覚悟によって、在宅ひとり死は可能である
- □死後の手続等について、具体的にしておく
- □誰もいないときに、ひとりで死に至ることも了解しておく

自宅でひとりで死を迎えたいという場合

高齢者本人の強い決意と覚悟があれば、家での「ひとり死」は可能です。

ひとり死を遂げるためには、

❶ **本人の強い決意と覚悟**
❷ **家族がいればその理解と協力**
❸ **定期的な見守り等の支援体制**

の3要素が基盤となります。

この本人の意思がはっきりと伝えられることから始まります。同居はしていなくても、家族にそれらの意思が伝えられ理解と協力が求められることが必要です。

また、死に至ってからは、最低限の対応として火葬をして遺骨をどうするのか、死亡届は誰が提出するのかといったことは残された誰かに頼らなければなりません。できるだけ死後の手続きをしてくれる人や家族を特定し、遺品の整理のこと、葬儀の希望

やそれに必要な費用等もお願いしておくことが必要でしょう。

また、看取りのためのケアチームの体制づくりは、家族がいる場合と同様に必要です。医師および看護師による定期的な訪問のスケジュールは、あらかじめ計画しておきます。訪問の回数や時間には限度があるため、場合によって本人が死亡したあとの訪問になることも了解が必要です。

身寄りがない場合に準備しておくべきこと

家族はいるがひとり暮らしである高齢者の場合は残される家族に死後の手続きを託せばよいでしょう。いっぽう、身寄りがまったくない人のひとり死はどのようにすればよいのでしょうか。

在宅医、訪問看護ステーション、ケアマネジャーといった専門職のチームの中で解決が難しい場合は、住んでいる地域の地域包括支援センター、行政の担当者らと協議をしておくとよいと考えます。

また、「死後事務委任契約」によって、死亡診断書の届出、葬儀・埋葬手続き、医療費・介護費用など未払い分の精算等を委託する契約を結んでおくことが必要です。ケアチームの中に死後事務受任者を加え、死後に連絡が自動的に行われるようにしておきます。

財産があるかどうかによりますが、次の点についてできるだけ明らかにしておくとよいでしょう。

❶ 世話になる人、死後事務受任者を決めておく
❷ 住まいの処分方法を考えておく
❸ 遺言書を残しておく
❹ 遺品整理や葬儀費用などの資金を準備しておく
❺ 最後に眠る場所の希望を示しておく

なかでも、世話になる人を早めに決めてその人にきちんと意思を伝え、日ごろからコミュニケーションをとっておくことが必要です。死に至るまでも、さまざまな支援をお願いすることができます。

在宅「ひとり死」の例―私の母の場合

ひとり暮らしをしていた私の母は、緩やかながら徐々に衰えていきました。日ごろから自分は介護や延命措置などを受けないで、ひとりで静かに逝《い》きたいと述べていました。

そして、2日ほど連絡が取れないなか、家のベッドの横でこときれているところを発見しました。

ベッドの横には、次のような封筒に入れた書き置きがありました。

「そろそろ寿命が来たようです……。私が死んでいたら、まずお隣の○○さん、それから、(姉妹の)△△に知らせてください。△△が親戚に知らせてくれます。棺には、おまえたち兄弟二人の写真を入れてください。(遺影に使う)写真と一緒においておきます。……では元気でね、さようなら。体に気をつけて、ありがとう」

自分の意志で遂行した、在宅ひとり死でした。

「準備編」Q&A

Q 在宅医の選び方のポイントはどのような点でしょうか?

A 家で療養する人のために、24時間365日体制で医療を提供する在宅医は、ほんとうに高い志をもっています。

夜中でも家族からの電話の内容によっては、緊急往診をしなければならないこともあります。それは私的な時間を犠牲にしながら成り立っている部分があり、並大抵の気持ちではできません。

こうした在宅医の努力が、家での看取りを支えています。このような熱意ある在宅医を中心に探すことは大切です。

また、名医として本などに紹介されていることと、自分たちとの相性がよいこととは別です。

看取りを気持ちよく進めるためには、医師との関係が大切です。

家でどれくらいの看取りの実績があるのか、在宅医に、家での「看取り率」を尋ねてみることも参考になります。

自分たちの思いを理解してくれる先生に出会えるといいですね。

Q

医療処置をしないで看取ることができるのでしょうか？

A

家での看取りは、医療処置がないからよいというわけではありません。

ご本人が「もっともよい状態」で過ごすために医療処置は、適切に提供されることが重要になってきます。

病院では健常者の標準に戻す、近づけることが優先されるため、ときに患者さんが穏やかであることが二の次になってしまうことがあります。

また、病院は医療処置によって病気を治し、命を救う使命があるので、医療処置が行われていない患者さんはいません。そうすると、病院では医療処置をしない状態の患者さんを見たことがないということになります。「医療処置をしないで看取る」などということは、そもそも病院では経験することがないのです。

看取りには、必ずしも医療処置は必要ではありません。生命が終わるのは病気の結果ではなく、生物が生まれるのと同様に必然の経過です。

出産のときと同様に、苦しみが軽減できるのであれば、医療処置を活用しながら、生命の経過を邪魔することによって無用な苦しみを生じさせることがないよう、死に至るまでのプロセスを支援することが重要です。

Q

家で看取ることについて、家族で意見が分かれています。どのように調整したらよいでしょうか？

A

親にあたる高齢者の死を受け入れられない家族ほど、家で看取ることに反対の立場をとることがよくあります。

「まだそういうことを考える時期ではない」「まだよくなるのではないか」「死んでいく姿を見たくない」など、さまざまな理由があるようです。それも高齢者を思う気持ちの表れなのでしょう。

ただ、そうした意見は言うものの、実際の労力や時間を提供しない家族メンバーもいます。

ひとつの解決の方法として、在宅医、訪問看護師、ケアマネジャーといった専門職と、そうした家族メンバーを含めて、話し合いをもつこともよいと思います。

家で看取ることのイメージがわかないこともあるでしょうし、第三者である専門職が真剣である様子から、それでは進めてみるかと考えを変える場合もあります。

本人が穏やかに最期を迎えていくためには、家族が高齢者本人の死を受け入れていくことが必要なのです。看取りのプロセスは、家族が本人の死を受け入れ、覚悟を積み上げていくプロセスであるともいえます。

専門職の第三者の力を借りて、思いを伝えるのもひとつの方法です。

Q 家での看取りはかなりお金がかかるのでしょうか？

A

入院の費用と比較すると、一般的には低額であるといわれます。

家では、居住費や食費などは生活費の一部として出費されるので、差額ベッド料や病院での食費を含む入院医療費と比較すれば低額となることもうなずけます。

いっぽうで医師や訪問看護師が家まで訪ねてくるわけですから、特に、夜間の往診や訪問看護の訪問回数が増えると増額になります。

支払える限度額を在宅医、また、訪問看護ステーションに率直に示し、看取りの費用のめどを立てることがよいと思います。

介護保険を使って導入するベッドやヘルパーの訪問については、ケアマネジャーが費用管理をしています。ケアマネジャーに支払える額を示し調整してもらうことができます。

医療費も介護保険の介護費用も自己負担の上限額（月額）が決まっています。つまり一定程度の自己負担額を超えた額について、それぞれ「高額療養費制度」「高額介護サービス費制度」を利用すれば払い戻しを受けることができます。

自己負担額はいったん支払う必要がありますが、「限度額適用認定証」を申請し取得しておくと、支払いは高額療養費の自己負担限度額だけですみます。医療保険の市区町村の窓口、またはケアマネジャーに相談してみましょう。

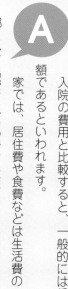

Q

病院の医師に家に戻したいと伝えたら「とても帰れる状態ではない」と言われました。どうしたらよいでしょうか？

A

詳細はわかりませんが、入院を続けているうちに、家に戻る機会を失ってしまうばかりか、病院で最期を迎えることになる例は数多くあります。

もし、家に戻したいという希望があるのでしたら、住まいの地域の医師会等に設置されている在宅医療・介護連携に関する相談支援窓口に相談をしてみてはいかがでしょうか。

地域の在宅医を紹介してもらい、その在宅医と病院の担当医との間で調整ができれば、希望どおり家に戻すことができるかもしれません。

大切なことは、なるべく本人が主体となって最期まで自分の人生を生きられるということです。そのために病院医療も、在宅医療も「活用する」という視点が大切です。

もちろん医師らの専門的見解は重要です。希望をもちながら、それを支えてくれる専門職といちばんよい落ち着きどころを模索していくことがよいと考えます。

医師の見解も聞きつつ、家族や本人の希望も伝えられるといいですね。

「準備編」のおさらい

□死までのおおまかな経過はわかりましたか？

□がんの看取りは短期決戦であることがわかりましたか？

□老衰や認知症の場合、緩やかに衰えていくことがわかりましたか？

□在宅医、訪問看護師の見つけ方がわかりましたか？

□「死亡診断書」が交付されることは大切であることがわかりましたか？

□医療処置がなくても看取れることがわかりましたか？

□症状が悪化したり、急変したりした際の対処法はわかりましたか？

□家で看取ることについて、本人、家族は覚悟できましたか？

□家でのひとり死について、決心と覚悟ができましたか？

□家でひとり死をする場合の準備がわかりましたか？

パート3

実践編

急変や何かあったときは、どうすればよいの？

本人をひとりにして、家族が出かけてしまってもいいのかな

知らないうちに死んでいたらどうしよう？

家族ができることってどんなことだろう

亡くなるときにはどんな苦しみがあるのだろう

人はどのように死んでいくものなの？

人がどのように死んでいくのかを知っておく

【図7】身体の衰えの変化と食事の量

1	2	3
●自分で全量食べられる 	●食事に手をつけない ●食べる量が減る ●食べられるときと、食べられないときのムラがある	●傾眠が見られる ●ときどき声かけや介助が必要となってくる

食べる／食べられる

年単位の衰えでは こんな点を見ていきましょう

□徐々に衰弱が進む場合、変化が緩やかなため切迫感がない
□終末期がん、衰弱のパターンのどちらでも、「急変」から死に至ることがある
□徐々に衰弱が進む場合、体重や食事の量を数カ月から年単位で見ていく

人が死に至るまでの変化を知っておくことが大切

終末期がんであると診断されてから死に至るまで

の経過は、週単位そして日ごとに変化していきます。

特に日常でできていた動作が、1日たつとできなくなったり、目を開けている「覚醒《かくせい》状態」から目をつぶったりしている「傾眠《けいみん》」が長くなってきます。

いっぽう徐々に衰弱が進んでいく場合、日常生活の動作は死に至る前から障害されており、その変化は数年にわたって緩やかであるだけに、目に見えて死に近づいているという切迫感が感じられないこともあります。

そうしたなか、突然急激に変化する、つまり「急変」をすることがあります。そうしたことが起こりうるという心づもりをしておき、次のような「急変」が起こったときは、緊急時連絡先に一報を入れます。

❶ 呼吸が止まっている、呼吸が止まっているように見える
❷ 声をかけると反応していたのに、まったく反応がない
❸ 手足が冷たい、紫色になっている

4	5	6	7	8
●食事のペースが遅くなる ●食事を前にしても、食べる様子がない ●介助をすれば、いちおう食べる。発語がある場合、「いらない」と言う	●傾眠が強く、食べられないことがある ●声かけの促しでやっと食べるが、食べ残しが多い	●眠気が強く、体の傾きが強くなる ●全介助で、なんとか少量ずつ食べられる ●むせこみや、痰《たん》のからみが多くなる	●声をかけても反応が悪い ●なかなか覚醒しない ●食べ物を口に入れても吐き出す ●舌で押し返す ●開口が悪く、口の中に溜める。口から食物などが流れ出る	●開口しない ●食べる、飲む様子がない

食べない／食べられない

老衰や認知症などで衰えていく高齢者については、徐々に体重が減っていく傾向があります。私の調査研究では死に至る5年も前から、こうした体重減少の傾向があることが明らかになっています。

介護保険でデイサービスなどを利用していれば、車椅子に乗ったまま測れる体重計があります。ときどき体重を測っておき、半年くらい前の値と比較してみてください。

また、食べている食事の量や様子を見ていくことも役に立ちます（▼96・97ページの図7）。年単位、数カ月単位で見ると食事に対する欲求、食事の量が減っていく傾向がわかります。

なかには食べている食事の量が変わらないのにもかかわらず、体重が減っていくことがあります。

こうして年単位で、また数カ月単位で変化をとらえられると、衰えが緩やかながら進行し、とどまらないことが露《あら》わになります。

短期決戦すぎる終末期がん

せっかく病院から戻ってきたのに、1週間程度、またはほんの1日2日しか家で過ごせないことが、終末期がんの場合はよくあります。また入院中に家に帰るつもりで準備をしていたところ、急に状態が変化して病院で最期を迎えるといったこともあります。終末期がんの家での看取りは短期決戦になりがちです。

萬田緑平医師は、「僕の感覚で言わせてもらうなら治療の効果より苦痛が上回ったら、（医療は）撤退したほうがいい。（中略）受けている治療が身体に効果をもたらしているとき、それほど大きな苦痛は生じないものです」（『穏やかな死に医療はいらない』朝日新書）と述べておられます。

本人はどう生きたいのか、そしてそれを家族はどのように支えたいのか、まずは自分たちの真の希望をしっかりともつ、そして医療者に早めに伝える姿勢が大切だと考えます。

死に至る2～3週間前の様子

- □1カ月前の様子と異なり、衰えがはっきりしていれば急速に悪化することがある
- □食事量が減り、そのうえで水分の摂取量も目に見えて減ってくる
- □終末期がんの場合、歩けていた状態からトイレまで自力で行けなくなることが大きな転換点となる

飲食の量が減り、寝ているような時間が増えてくる

終末期がんの場合、1カ月前の様子と異なり、急速に日常生活が困難になってきます。歩くこと、トイレに行くこと、入浴などが自分ひとりではできにくくなり、ベッドにいる時間が多くなっていきます。

また、「通院」ができなくなりますので、本格的に在宅医療だけに切り替えていくタイミングです。

徐々に衰えている場合も、食事の摂取量、水分の摂取量が目立って減ってきます。無理に勧めても、拒否をするようになります。

一般的に、

❶口の開きが悪くなる
❷食べものや飲みものにむせる
❸口の中に溜め込んでしまう
❹食べたり飲んだりするとせき込み、のどのところでゴロゴロいう

といった症状が目立ってきます。

❺食事や水分を拒否する
❻目を閉じ寝ているようにしている時間がしだいに長くなってくる

なども、この時期の特徴です。

トイレまで歩けていた場合、本人がトイレに行け

ない、そして下着を汚してしまうことなどが起こってきます。本人がそれを理解できる場合は、本人にとってはたいへんつらい現実に向き合うことになります。

本人の意思が強ければ、特に「お通じ」については無理のない範囲でトイレでの排泄《はいせつ》介助ができればと思います。家では這《は》ってでもトイレに行けるため、おむつを使わないですむというケースもあるくらい、家は最後までトイレを使う自由、「トイレ権」が確保されやすい環境です。

またベッドサイドで排泄をする場合、本人の覚醒《かくせい》状態によって、排泄の最中はひとりになれる、排泄物が目につかない、介助者が排泄物を片付ける手間を少なくする工夫があるとよいでしょう。

意識がしっかりしているのであれば、伝えたいことはお互いに話をする、また本人が文章を書けるならば、手が動くうちに書いておくことを勧めることも大切です。

排泄の自由「トイレ権」を確保するための工夫

❶ トイレという場所で排泄ができることは大切です

- **a** トイレまで、歩行介助を行います。ヘルパーや訪問看護師の介助を受けることも考えます
- **b** トイレまで車いす移動が行える場合は、介護保険で車いすのレンタルを検討します
- **c** トイレまで這っていける場合は、その動線を確保します
- **d** トイレでの安定、立ち上がり、後始末の介助等を容易にするため、便座の前に支えがあるとよいでしょう

前傾姿勢支持テーブル（FUN レストテーブル）を使用した例

便座の前にいすを置いてもよい

❷ ポータブルトイレを使用する場合は、ベッドサイドで心置きなく排泄ができること。音、におい、人の目を抑える工夫が肝心です

a ポータブルトイレをベッドの横に置く場合、重さのあるしっかりしたものがよいです。プラスティック等の軽いものだと、手をかけた際に一緒に転倒することがあります

b つい立てなど、排泄時に目隠しになるものがあるとよいでしょう

c ポータブルトイレのバケツにビニール袋をかぶせ、その中にフラットのおむつ（ペット用オムツは脱臭効果もある）を敷いておくと、バケツににおいがつかず､排泄のときの音も軽減されます。そして､ビニール袋の中に入った汚物はそのまま廃棄できます

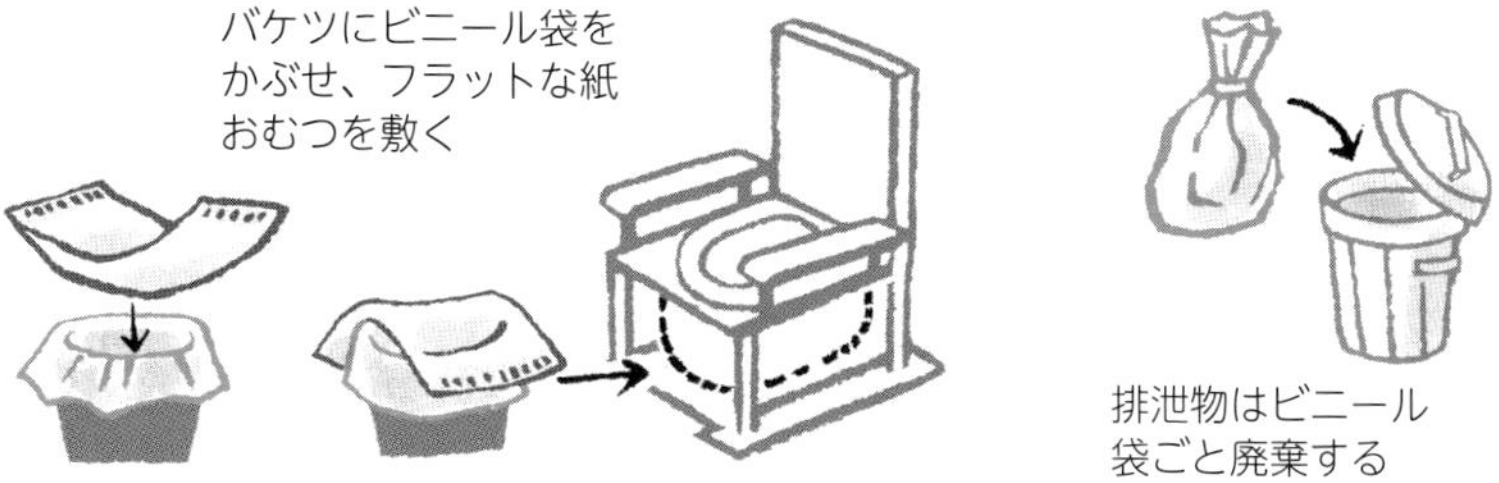
バケツにビニール袋を
かぶせ、フラットな紙
おむつを敷く
排泄物はビニール
袋ごと廃棄する

❸ ベッドサイドで使える器具を導入することもできます

a 男女とも使えるさまざまなタイプの尿器、安楽尿器などを使います

b 使用するときの体位や、漏れ防止のためにおむつを敷くなどの工夫をしましょう

c 差し込み便器を使うとき、便器にフラットのおむつを敷いておくと音やにおいを軽減し、片付けも楽です

d トイレの前後など、アロマディフューザーでにおいをやわらげてもよいでしょう

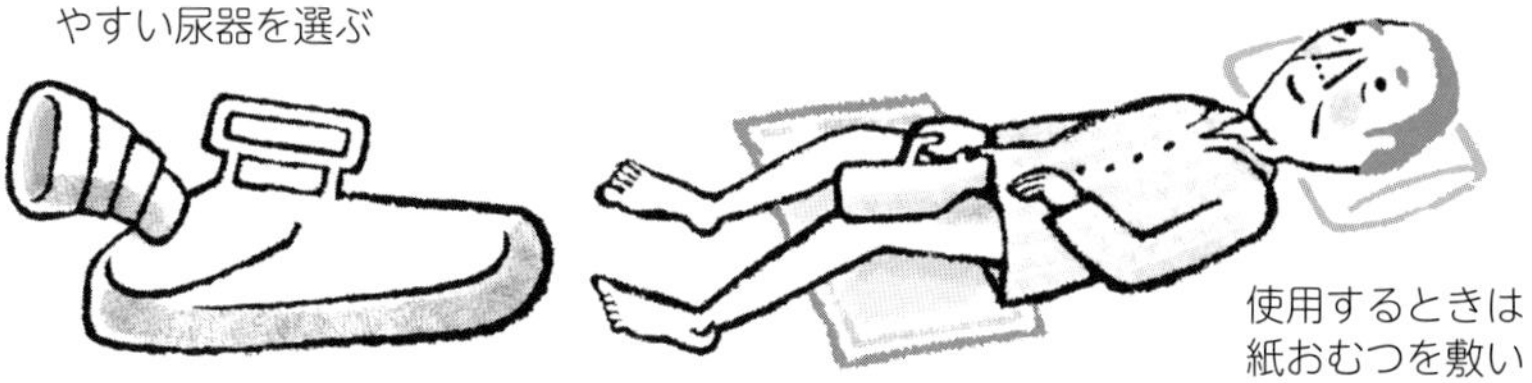
その人に合った使い
やすい尿器を選ぶ
使用するときは
紙おむつを敷い
ておくとよい

最期のときが数日以内に迫っているときの様子

□起き上がれなくなり、食べず、飲まず、目をつぶっている時間が多くなる
□水分がとれず、尿が出なくなれば、3日後くらいが最期となる
□この時期に在宅医の診察、訪問看護師らの訪問を受けておく

尿量が減り、呼吸の様子が変化してくる

「最期のとき」が数日以内に迫ってくると、前の週より状態が悪化している様子が、明らかとなってきます。ベッドから降りることはほぼなくなっていきます。

次のような症状が現れてきます。

❶目を覚ますことが少なくなり、眠っている時間が長くなる
❷食事がほとんど食べられない、水分も飲まなくなる
❸呼びかけへの反応がはっきりしない、答えない
❹目を開けても視線がさだまらない、視線が中空を漂っている
❺「目ぢから」（その人の意思や内面の強さなどが現れているように感じさせる目の表情）がない
❻尿量が少なくなる、濃い色の尿、またはまったく出なくなる
❼口を開けて呼吸し、その呼吸は浅く速い
❽死んだはずの人や、実際にはいない人が「見える」と言う
❾唾液《だえき》がのどの奥に溜まり、ゴロゴロ、ゼロゼロとのどが鳴ることがある（死亡時喘鳴《ぜんめい》）
❿つじつまの合わないことを話す。幻覚が見えている様子や興奮状態になることがある

点滴などから体内に入る水分がなく、口から水分が摂れなくなると3～4日後、また同様に、尿が出なくなると3日ほど、長くても1週間程度で死に至ります。

家族にとってはもっともつらい時期といえる

これらの症状が出てくる段階が、家族はいちばんつらい思いをされるのではないかと思います。

「黙って、何もしないでいることに耐えられない」

「餓死させているようで、つらい」

「ほかに何かできることはないのだろうか」

こうした家族からの訴えを聞き、穏やかな死の経過を見慣れていない専門職のなかには、点滴などを勧める人もいます。本人の身体的なつらさを緩和するためだったら、点滴をすることも大切です。

いっぽう、この時期の点滴は本人にとって必要のない、死を前に疲れている心臓にさらに仕事をさせることになりかねないという一面もあります。家族の無力感をなだめるため、点滴が行われるということがありますが、それは生命維持に必要な水分量より少ない量です。

こうした時期には、在宅医、訪問看護ステーションの看護師らに一度診てもらっておきましょう。もし、会わせておきたい家族、知人などがいれば、最後の面会となるかもしれないので、ひととおり声をかけておきましょう。

家族にとって一番つらい段階といえる時期です。専門職の手も借りながら、しっかり見守りましょう。

間もなく息を引き取るときの様子

□最期の「そのとき」は、多くの場合、呼吸の仕方が変わったことで気がつく
□呼吸が終わるときが、看取りの中でもっとも重要な時期（クライマックス）となる
□あわてないで、最後の呼吸が終わるまで、家族で見送る。在宅医への連絡は落ち着いてからでいい

最期は呼吸の様子が変化する

家で看取りをするとき、在宅医や看護師が立ち会うことはまれです。医療者がいないことが普通であり、家族だけで最期の「そのとき」を迎えていただくことになります。

「そのとき」が来たことは、主として「呼吸」の仕方でわかります。家族にその最期の呼吸についてあらかじめ伝えておくと、多くの家族は「そのとき」の呼吸をキャッチしてくださいます。

その呼吸の進み方、特徴は次のとおりです。

❶呼吸と呼吸の間、つまり呼吸していない無呼吸の時間が長くなる
❷陸にあがった魚にようにパクパクしていた様子から、パク、パクが下顎《したあご》だけでしているように見える（下顎《かがく》呼吸）。家族の中には、コックリ、コックリした呼吸と表現する人もいる
❸ときどき、苦いものを口に含んだように顔をギュッとしかめる場合もある
❹パクとパクの、呼吸が起こらない、呼吸しない間が長くなる
❺もう呼吸をしないかと思うころ、比較的大きく口を開け、息を吸ったかのようになり、徐々に口が閉じてくる（息を引き取ると表現される）

すべての人がこのとおりではありませんが、不思議とこのような経過をひとつのパターンとして見ることができます。

最期のときは見送る言葉をかけてあげよう

さて、こうした呼吸が見られたら、「あわてない」でそのまま息が止まる姿を見届けてください。そして、ご本人のそばで手を握りながら声をかけてあげましょう。

「行ってらっしゃい、また会えるね」

「ゆっくり休んで」

「一緒に過ごせて楽しかった」

これまで経験したなかでは、家族はこんな言葉かけをして旅立ちを見送っていました。こうした言葉かけでしたら、死にゆく高齢者は安心して彼岸に向かうことができるような気がします。

「こんなふうに人は死んでいくんですね」と言った家族がいましたが、意外にあっけなく「そのとき」は終わってしまうかもしれません。また、ふと見たら静かになっており、呼吸をしている様子がないことに気づくかもしれません。

この死の見送りは看取りの中でもっとも重要な時間です。在宅医や訪問看護ステーションにあわてて連絡をする必要はありません。大切な家族の旅立ちを、それまで過ごした家族メンバーで心ゆくまで見送りましょう。

少し気持ちに余裕ができたころに、息を引き取った時間を確認しておきましょう。あとで在宅医が死亡診断書を書くとき、家族が確認した時間を書いてくれることがあります。

時間がたつにつれ、それまで息をつめるようにしていた家族の緊張や疲労の色が和らぎ、安堵の雰囲気が漂うようになります。

本人を「もっともよい状態に置く」ことが第一

「苦しい」より「穏やかな状態」を優先しましょう

- □看取りは、死に至る高齢者を「もっともよい状態」に置く
- □本人が嫌がることはしない、気持ちのいいことだけをする
- □看取りは「何かをしてあげること」がよいのではない

「もっともよい状態」とは

病院から、施設、そして家での高齢者の看取りを経験してきて考えることは、看取られる高齢者を「もっともよい状態に置く」ことが大事だということです。

近代看護の生みの親といわれるフローレンス・ナイチンゲールは、家庭で行われる家族による看護を含め、看護がなすべきことについて、「自然が患者に働きかけるにもっともよい状態に患者を置くこと(What Nursing has to do is to put the patient in the best condition for nature to act upon him.)」と述べています。

また、高齢者がもっともよい状態で看取られたあとは、家族の満足度も高いことを実感します。高齢者本人がよい経過で最期を迎えられたことが、家族にとって大きな慰《なぐさ》めとなるのです。

高齢者本人を「もっともよい状態に置く」ために、自分のテリトリーであり、緊張から解き放たれる家にいること、それ自体が、高齢者にとって安心して過ごすための基盤となります。これが「家」で看取ることの最大の長所です。

そして、もし家で過ごすことがよい状態でなければ、ほかのよりよい場所を死に場所とすることが必要です。家で死ぬことは「方法」であって「目的」ではないのです。

「もっともよい状態に置く」ことを家で看取るためのベクトルとして、家のもつ効能を最大限に引き出すことが大切です。私が見た家での看取りを進めた家族は、「(本人が)嫌がることはしない」、「気持ちのいいことだけをする」といったわかりやすく、重要なスローガンを掲げ、家族内で目標を共有していました。

看取りの時期になり、どうしてよいのかわからず迷ったり揺れたりすること、「もっともよい状態に置く」こととは異なった方向にいきがちな点を次に述べておきます。

❶何かをしないではいられない。何かすることがよいことではないかと思う

❷元気で生きている人の標準をあてはめようとしてしまう

❸死に向かうことを、受け入れていくことができない

特に、最後の「死を受け入れていくことができない」ことは、死に向かう高齢者本人の穏やかさを乱すことになります。

看取りの時期は、高齢者本人をできる限り「もっともよい状態に置く」ために、差し控えるケア、つまり何をやるかを決める前に、何をやらないかを決めることが大切です。これによって、死を回避するのではなく、できる限り快適な看取りに迫ることができます。

在宅診療による症状緩和とは何を行うのですか？

□在宅診療によって、苦痛の具体的な緩和をはかる
□本人がつらいから、家族がつらい
□本人の症状が取れていくと、家族は「看ていける」と思う

在宅での緩和ケアについて

終末期のがんなどは短期間に変化し、疼痛や呼吸困難等の症状は、高齢者本人の「もっともよい状態」を損ないかねません。

在宅での緩和ケアに知識と経験がある在宅医の診療、および訪問看護師による家族へのアドバイスなどによって、こうした症状の緩和が確実に行われることが重要です。

高齢者の症状が軽減または消失すると、家族は安心できます。また、症状が現れたら使うことができる薬などが在宅医によって提供され、家族がその使い方に慣れて効き目を実感できるようになると、医師の臨時の往診がなくても定期の訪問診療だけですみます。

こうして、本人の身体的な苦痛が緩和されるようになると、家族の緊張もほぐれていきます。ある訪問看護ステーションの管理者は、

「患者本人が明るくなることが家族支援。患者がつらいから家族もつらい思いをする」

と、高齢者本人の苦痛が和らぐことが、家族に大きく影響することを強調しています。

反対に、これといって症状もなく比較的静かにご本人の状態が経過している、そして、家族に介護力が期待できれば、専門職の訪問も最低限でよいこと

になります。

何か心配なこと、気になることがあれば、電話で相談すればよいでしょう。そして家族の介護力が足りなければ、ケアマネジャーに相談し介護保険で使えるサービスの訪問看護師、訪問介護（ヘルパー）、定期巡回・随時対応型訪問介護看護などを調整して使いましょう。

痛みと不安は正比例するといわれます。身体的な痛みや苦しさがまず軽減・解消することは、本人の不安を和らげ、家族の「看ていける」という気持ちを引き出すことにつながります。

最期の「そのとき」を迎えた家族の表情

最期の「そのとき」を家族とともに見守ることがしばしばありました。

取り乱すようなことはなく、何かはじめてのものを見るように（確かにそうなのですが）、成り行きを、息をこらして見守っているという家族が多かったと思います。

何をしてよいのか、わからないこともあるのでしょう。こちらが「声をかけてあげてください」「手を握ってあげてください」と促すと、「そうですね」といった感じでぎこちなく声をかけていた家族もいます。

逝《い》くほうも、見守るほうもはじめてのことですからいたしかたありません。遠慮しないで、最後に伝えたい思いを声に言葉にしてみたらよいと思います。

友人の看護師は妹さんも経験豊かな看護師でした。父親が旅立つとき、「ふたりで母を泣かせたそれまでの行状をひとつひとつ言ってあげたわ。母にも何か言ってやりなさいと言ったの……」と豪語しておりました。「そんな家族の恨《うら》み言を聞きながら、父はカラカラ笑って旅立ったに違いないけどねぇ……」と泣き笑いしていました。

ふさわしいベッドを整えるための工夫

❶ 寝床が生活の中心となるので、快適さを保つことが大切です

最期が近づくと、寝床が生活の中心になっていきます。なるべく快適な場にしてあげたいものです。介護する家族の身体的な負担を考えると、介護保険でレンタルできる介護用の電動ベッド（特殊寝台）がお勧めです。

a 3モータータイプのベッド：背上げ角度調整・膝上げ角度調整・床高さ調整の3つの機能を個別に操作できます

①背上げ＝起き上がった姿勢の保持、息苦しさの軽減、ベッドから降りる際に上げる

②膝上げ＝膝を上げてから背を上げると体が足元にずれにくい

③高さ上げ＝立ち上がるときの前段階、車いすへの乗り移り、介助者の特に腰への負荷を軽減する

b ベッドの幅について：寝返りが打てる場合、できれば幅広のものがよいでしょう。90cm幅のものは、窮屈《きゅうくつ》さによる本人の息苦しい感じや苦痛を除くことができます

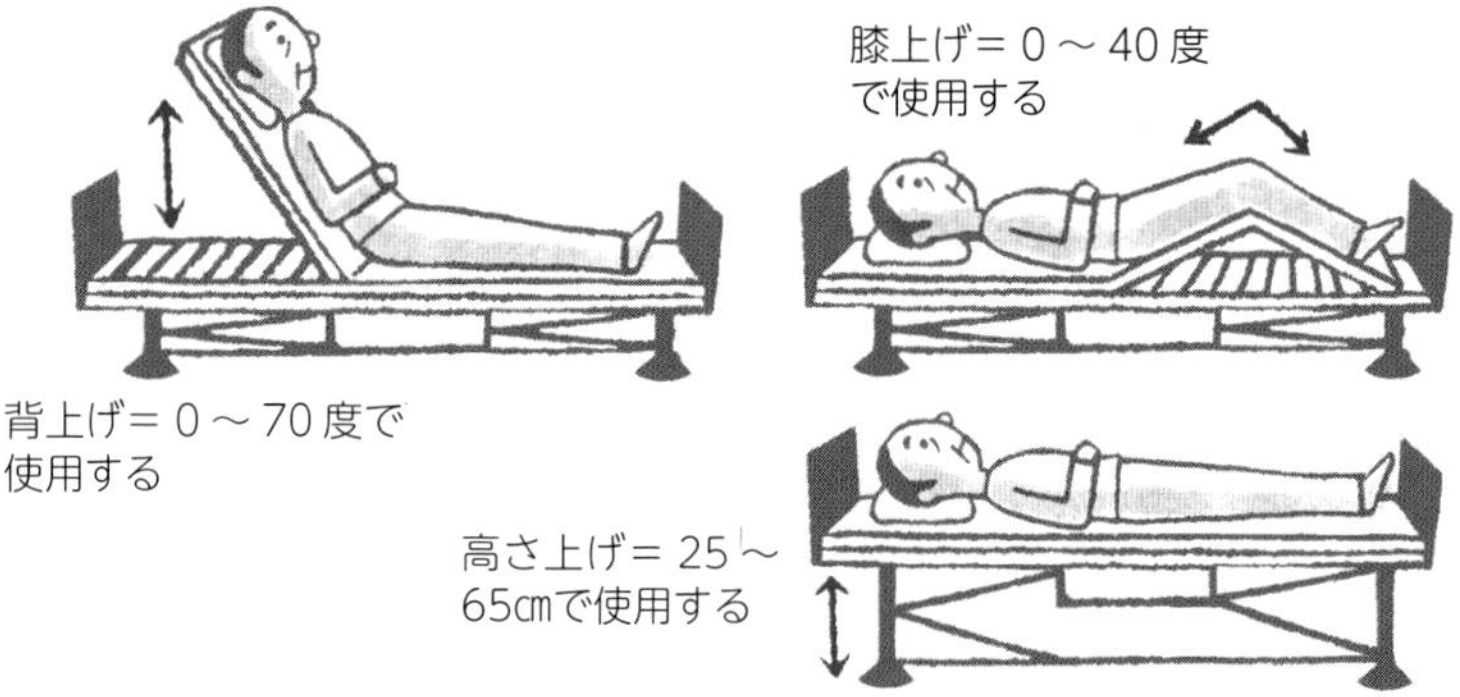

膝上げ＝0～40度で使用する
背上げ＝0～70度で使用する
高さ上げ＝25～65㎝で使用する

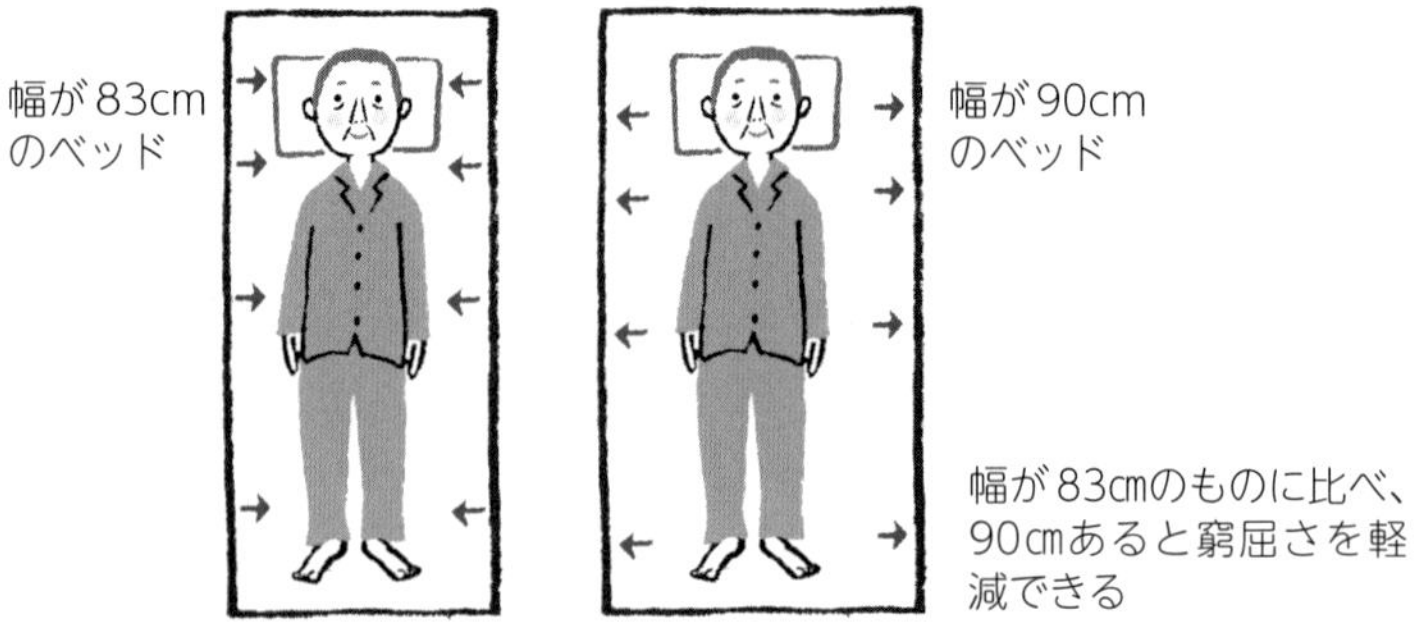

幅が83cmのベッド
幅が90cmのベッド
幅が83㎝のものに比べ、90㎝あると窮屈さを軽減できる

❷ ベッドを置く位置も工夫が必要です

a ベッドの左右上下にスペースが取れると、家族が本人を囲み集うことができます

b 介護用ベッドは頭部のボードが外れるようになっています。洗髪をするとき、頭部にスペースがあると楽にできます

頭部が取外せる介護用ベッドなら洗髪もしやすい
ベッドの周囲に、このようなスペースを確保できると介護がしやすい
車椅子が動けるスペースも確保

❸ ベッドの付属品にも選び方があります

a **マットレス：**硬めのほうが体が沈まないので動きやすいです。いっぽう、動けなくなってくると、体圧が分散される柔らかめのマットがよくなります。介護保険のレンタルであれば、途中で変更できます

b **ベッド柵：**さまざまな種類がありますので、そのときの状態で使い分けます

起き上がるときにつかまりやすい。ベッド柵などもレンタルできる
マットレスは、体調に合わせて硬さを変更する

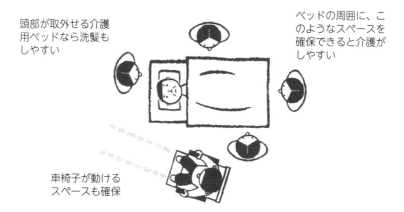

「何もしない」ことも最善といえます

□看取りの時期には、かえってしてあげることが少なくなる
□眠っていられる状態は、本人にとってよい状態である
□食べない、飲まないから死ぬのではなく、死に至るために飲食しなくなる

本人が望む穏やかでいられる状態を妨げない

前の月と比較し衰え、次は前の週と比較し衰え、そして前の日より衰えるようになり、死に至っていきます。こうした状態の変化に対し、何も手立てを講じないで見ていることは家族にとって厳しくつらいことです。「何かやってあげられることはないだろうか……」と思う気持ちもわかります。

さて、施設内で高齢者の看取りの経験を積んでいる介護職員は、「看取りの時期になると、やることは少なくなる」と言います。看取りの時期になる前は、移動介助、食事介助、入浴介助に排泄《はいせつ》介助と、介護することはたくさんあったのです。しかし、食べることも飲むこともできず、静かに眠っている状態となれば、それはそのまま見ていくことが、ご本人にとって「もっともよい状態」であるということを認識しているからです。

終末期がんの方はときどき、「ああ、1分でもいいから静かに眠りたい」と、心身ともさまざまな苦痛から解放される時間を渇望《かつぼう》されます。これは本人が望むよい状態、穏やかでいられる理想の状態と考えられます。こうした状態にあることを促し、妨げないことが大切です。

終末期がんの方が病院から家に戻り、「ああ、これで安心して食べないでいられる」と言ったというエピソードを紹介しましたが（▼19ページ）、本心から出た言葉でしょう。

食べない、飲まないことは悪いことではない

ある終末期がんの方は、家族がそろう夕食時になると痛みが増強しました。家族から「食べろ、食べないと悪くなる」と言われる夕食時は、本人にはつらい時間となっていたようでした。家族がそれを言わないようにしたら痛みが消えたと言います。食べなくなる、飲まなくなるというのは、「餓死」や「脱水死」を連想させます。そうした飢餓や、水が飲めない状態は、私たち健常者からすれば耐えられず苦しいことを想像します。

極度ののどの渇きというのは、沖縄の「ひめゆり学徒隊」の少女たちが、死体の血が混じる泥《どろ》の水たまりに、その異臭もかまわず直接口をつけてすすったという回想から想像してみることができます。口《こう》渇《かつ》という状態は、どのような水でも飲まずにいられないほど苦しいことなのでしょう。

いっぽうで、死に至っていく高齢者は、お口の中に食べ物を入れてもそのまま溜め込む、また舌で押し返すこともあります。

水も同様に口の横から流れ、ムセを誘発し苦しそうにすることがあります。

「栄養や水分が補給されなかったために末期の状態となるのではない。末期の状態だからこそしだいに飲食をしなくなる」

と考えたほうがよい状態なのだと思います。

死に至る高齢者に対しては、私たちの標準的なものさしで測るのではなく、食べられるときに食べられるもの、飲めるときに飲めるもの、をモットーによい状態を整えましょう（▼114ページ）。

「食べられるときに食べられるものを」摂取してもらう工夫

❶ 心地よい中で食べ、飲んで過ごしてもらいましょう

a 食べられない場合、見た目の量を半分、4分の1などと減らしていきます

b 甘いものが好まれる傾向があります。カロリーや栄養に重きを置くより、のど越しがよいものを用意します。フルーツだけの「フルーツ食」というのもよいでしょう

c 食べられる好きなものだけを食べてもよいのです。ゼリーやプリン、アイスクリームが好まれる傾向があります。食べられる量ではなく、食べてみたいときに、食べたいものを、食べられるだけ、食べてもらいましょう

d 盛り付けや、形状など食べられそうな工夫をしてみます

❷「看取り食」にはこんなものが使われています

a **のどごしを重視したもの**

例：茶碗蒸し・卵豆腐・プリン・杏仁豆腐・水ようかん・葛湯《くずゆ》など

b **さまざまな味・香りのゼリー**

例：お茶ゼリー・煎茶ゼリー・麦茶ゼリー・ほうじ茶ゼリー・紅茶ゼリー・スポーツドリンクゼリー

c **フルーツを加工したもの**

例：フルーツヨーグルト・フルーツシャーベット・フルーツポンチゼリー・フルーツサイダーゼリー

d **冷たいもの**

例：アイスクリーム・ミキサーしたフルーツのジェラート・アイスのスポーツドリンク

❸ 食の好みや場の雰囲気を大切にしましょう

a 好物の「すき焼き」や「うなぎ」を食べたいという高齢者もいます。量は食べられないかもしれませんが、家族と一緒に食べられる雰囲気がよいと思います

b 高齢者にとって、小さな子どもや赤ちゃんの声は格別うれしいものです。子どもたちが食べている姿を見て、つられて食べ物に手が出ることもあります。場を共有できることで、食べられることにつながります

引き算のケアでよいのです

□医療処置がなくても、穏やかに死に至る
□口が渇く場合も、わずかな水分で解消する
□看取りは何かをすることより、何かをしないで、ただ一緒にいることがよい

のどの渇きは口腔《こうくう》ケアで解消できる

苦しい様子がない場合、点滴や酸素といった医療的な処置がなくても、穏やかな様子で死に至ります。少量の点滴ならばあってもいいのかもしれませんが、なくても看ていくことができます。そうして死に至った体は、病院で見てきた死後の遺体と異なり、点滴を刺したあとの出血斑《はん》ひとつなく、また浮《ふ》腫《しゅ》もないためきれいです。処理しきれなくなった過剰な水分が体に溜まるからこそ、皮膚も傷つきやすくなりますが、水分を失った皮膚はぶよぶよしていません。

口を開け、ハァハァと浅い呼吸をしている高齢者は、くちびるや口腔の中が渇いてきます。また口のにおいも気になることがあります。そんなときは、固めに絞った口腔ケア用のスポンジ、また指にガーゼを巻きつけ、口の中で固まったものを取り除き、湿らせてあげるとよいです（▼116ページ）。

「のどが渇く」と訴える高齢者がいますが、多くは口の中を濡《ぬ》らす程度の処置で和らぎます。むせに気をつけながら、小さな氷片をなめてもらうこともよいと思います。いずれにしても、命を維持するための水分量よりはるかに少量ですが、高齢者本人はこれで落ち着きます。また、口腔内の渇きを和らげる保湿剤もいろいろ市販されていますので、使ってみるとよいでしょう。

口をさっぱり、すっきりさせるための工夫

❶ 口腔《こうくう》ケアの手順を覚えておきましょう

1 やわらかく清潔なガーゼなどを指に巻きつけ濡《ぬ》らします。氷水などに浸すと、口の中がさっぱりする場合もあります

ガーゼを指に巻きつけ濡らす

2 よく絞ったあとに、口腔を拭きます。ときどき、水に濡らして汚れをとります

3 舌やほおの内側の粘膜に、汚れが固くこびりついていることがありますので、無理をしない程度で丁寧に取りましょう

4 唇の内側の粘膜も拭きます

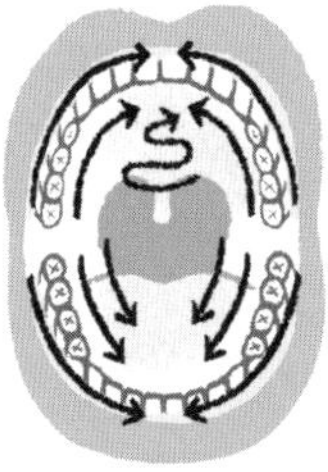

小さな円を描きながら奥から手前に拭く

❷ 市販のスポンジブラシを使う場合は

1 スポンジブラシを水などで湿らせてから、固くしぼり、水分を切ります

1

2 スポンジブラシを回転させ、口腔内の汚れを巻き取るように拭います

2

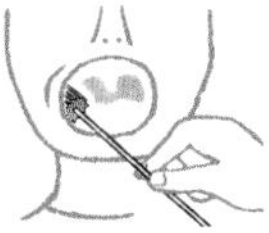

3 コップを２つ使用して、巻き取った汚れを洗い落としながら拭きます

3

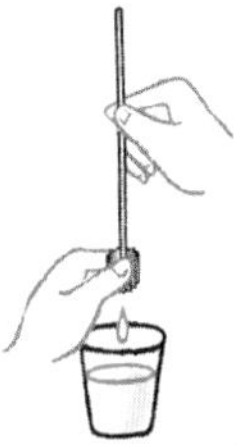

4 仕上げに保湿剤をスポンジブラシにつけて口腔粘膜に塗布します

4

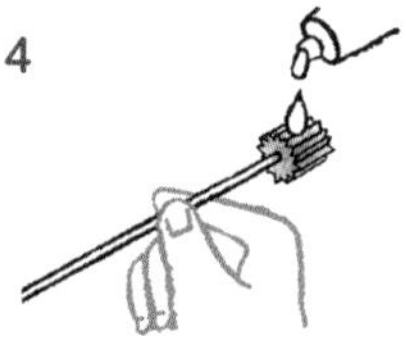

最後に唇、口元、そして顔全体を拭いてあげるとよいでしょう。

本人の衰えと、提供するケアのバランスをじょうずにとっていくことが大切です。衰えていく姿を受け入れられず、リハビリを提案される家族がいます。また高齢者に残された体力を考慮せず、定期的に入浴ができないかと提案される家族もいます。

しかし、大切なことは高齢者本人をもっともよい状態に置くことです。たとえば「入浴をする」ことと、「入浴をしないで横になっている」ことを、「穏やかさを量る天秤」にかけた場合、どちらに傾くでしょうか。生きるために残された力を、穏やかに使っていくことが大切です。

看取りでは「何かをしないこと」が最善であるともいえる

同様に、死の徴候が気になるのか脈拍を見たり、血圧を計ったりする家族がいます。普段どおりに過ごすことが「家」での看取りのよさにつながります。測定値を知るほどにかえって不安になることがあります。

看取りをしているある施設では、「夜勤中に死の徴候がわからず不安だ」と介護職員が言うため、病院で使う心電モニター（心臓の拍動の様子などがモニターされるもの）を導入しました。その結果、今度はモニターが気になってかえって不安に陥ったという笑えない話もあります。

むしろ、家族の表情や態度がいつも安定し、落ち着いて構えていることのほうが高齢者に不安を与えないと思えます。

看取りを終えたある家族は、「とにかく何かをすることばかりに時間を使っていて、ただ一緒にいるという時間の大切さに気づかなかった」と言いました。何かをすることより、「何かをしないこと」を決めること、そして「最善」の看取りとは、「何かをすることをやめる」ことでもあります。

おむつの効果を最大限に生かすための工夫

❶ おむつは状態や体型に合わせて活用しましょう

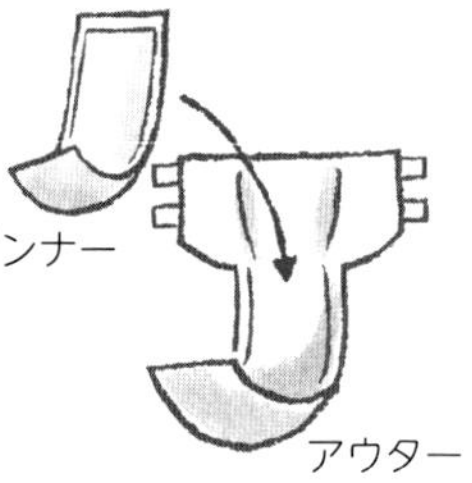

インナー
アウター

1 おむつはアウターとインナー（尿取りパッド）を組み合わせて使います。アウターがおむつ カバーの役割をします

2 寝て過ごす状態の場合、アウターはテープタイプのものが使いやすいと思います

3 アウターは大きすぎないように、ヒップサイズで選ぶことが大切です。漏《も》れを防ぎます

4 インナー選びは、排泄《はいせつ》量で選びます。夜間は、幅が広い大きめサイズがよいかもしれません

5 インナーは、アウターのギャザーの中にセットします。尿道口に尿取りパッドをしっかりあてます。男性の場合はパッドの長辺を折り、パッド の内側にペニスを包みます。尿道口に密着させることで尿のハネ飛びや漏れを防ぎます

6 体の中心におむつを合わせ、ぴったりとあてます

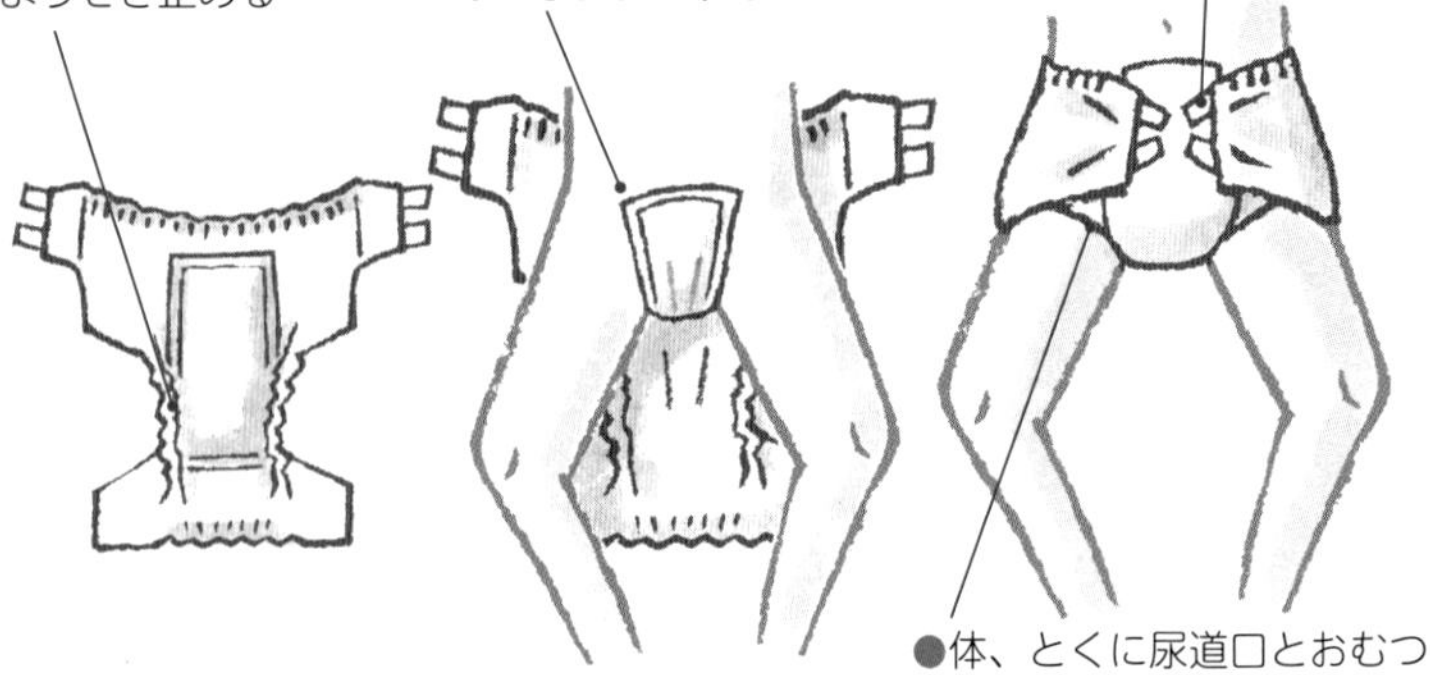

●おむつのギャザーを立て、漏れないようせき止める
●パッドが最も吸収する場所に、尿道口があたるようにする
●ずれないように、しっかり止める
●体、とくに尿道口とおむつの間にすきまを作らないように

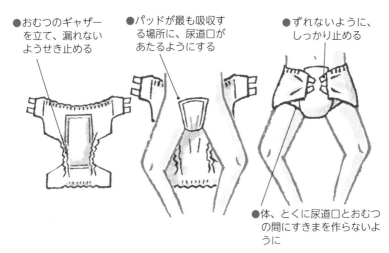

看取りの時期の苦しそうな呼吸について

最期のときが近づくと、首が後ろに反《そ》るように、浅く早い呼吸になります。のどの奥からはゴロゴロと痰《たん》が溜まって出せないような音が聞こえてきます。

こうした呼吸のとき、本人は苦しいのでしょうか。下のグラフは体の中の酸素の量と、人が自分の身体の中で作ることができる脳内麻薬といわれる、「β《ベータ》－エンドルフィン」の分泌量との関係を示しています。

呼吸で取り込めない酸素の量が少なくなるほど、β－エンドルフィンの量が増えている関係にあります。つまり、酸素が取り込めない状態になるとより苦しさを軽減する物質が増えるということになります。

「肺炎は老人の友」といわれますが、このようなデータを見ると、体内に取り込める酸素が少なくなりボーッとした状態は、見た目ほど苦しくないと考えられるのではないでしょうか。

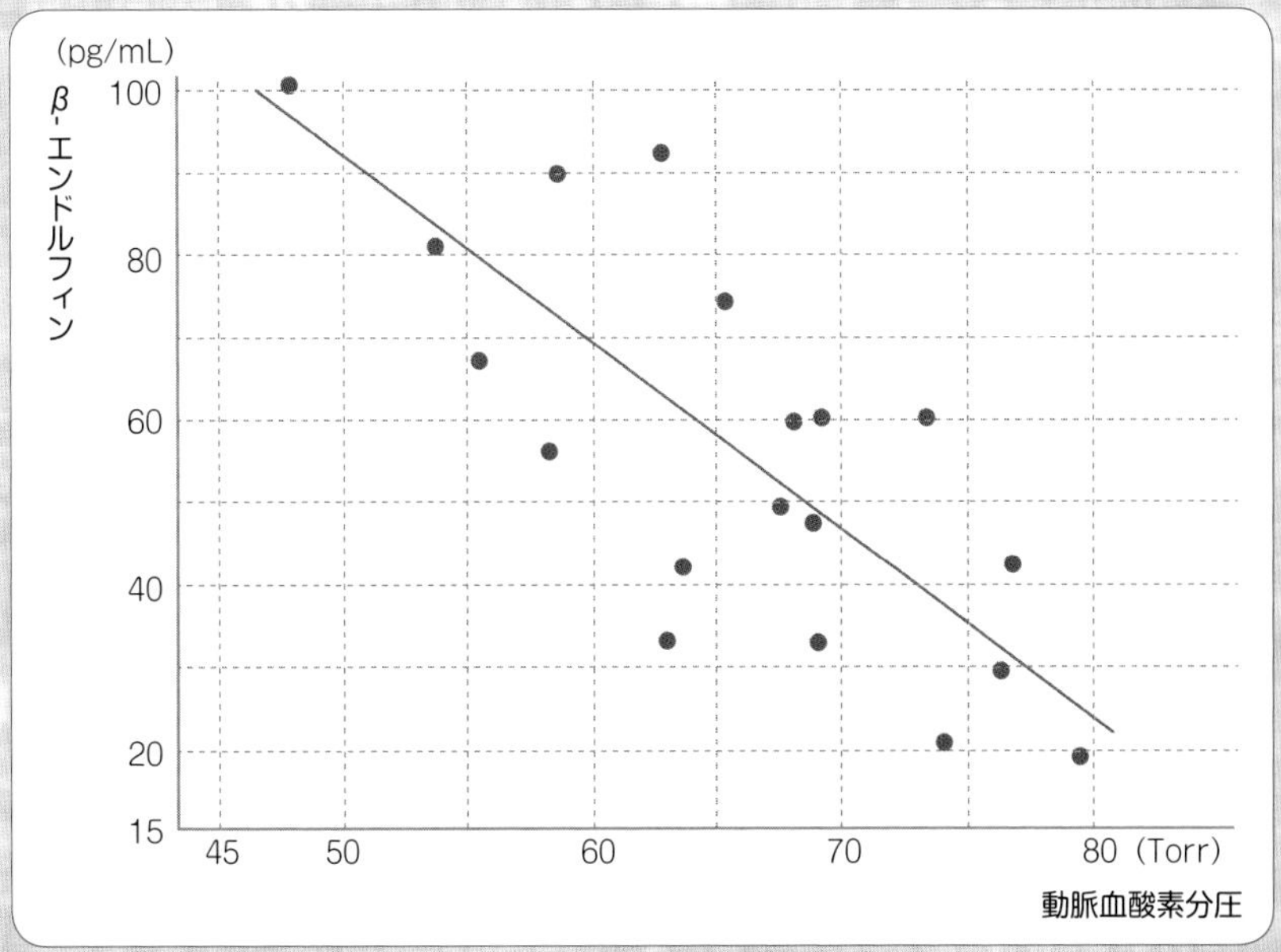

＊Yanagida H, Corssen G.『Respiratory distress and beta-endorphin-like immunoreactivity in humans. Anesthesiology, 55(5), 515-519』(1981) をもとに作成

最終確認事項をチェック

命の最後の一滴まで生き切ってもらうには

- □最期の「そのとき」はいつなのか、誰もわからない
- □生命の進行を妨げない
- □家族にしかできない、とっておきのケアがある

穏やかに寝ていられる環境を整える

看取りを進める中、一般的な死への転帰の道筋は描けても、実際にいつ死に至るのかは、経験を積んだ専門職でも正確に言い当てることは不可能です。

まだ先のことだろうと思っていた矢先、不意に呼吸が止まってしまうこともあるいっぽうで、もう今晩が峠《とうげ》だろうと構えてから、数日たってしまうこともあります。

したがって看取りを始めたときからいつ最期の「そのとき」が来てもいいように、準備を整えていくことがよいと思われます。

見送る側は本人の生命の進行を妨げないよう、高齢者をもっともよい状態に置くため、次のような点に配慮しながらケアを行うとよいでしょう。

❶ 目をつぶって寝ていられる穏やかな状態を邪魔しない

❷苦しくない体位（体の姿勢）を整える、ときどき変える。こもった湿気を放散させる
❸乾いた口腔《こうくう》、口唇を潤す。氷水を使う（冷たい刺激がよいこともある）
❹尿や便が排泄《はいせつ》しやすく、不快な感じやにおいが残らないよう処理する。臭気の中に本人を置かない
❺陰部、髪の毛、目やに、鼻毛などをきれいに整える。顔や髪の毛、頭皮をお湯につけたタオルで拭く
❻寝床の臭気を除き、保温などを調整する
❼ベッド周りを整頓し、シーツや枕カバーをきれいにする
❽臭気がなく、さわやかな空気や気流を維持する
❾静かにひとりで過ごしたいと思う意思も尊重する

体力を無理に消耗しないこと、生きている外界、つまり環境との接点である本人の「感覚」を大切にすることが重要で、その感覚から入る刺激が、心地よい、気持ちのよいものであるように環境を整えてあげたいものです。

ある重度の認知症の方は、食べものや飲みものを口に運んでも、それらを遠ざけるように「いやいや」と首を振り拒否しました。ところが、長男が手作りした小豆《あずき》の羊かんだけは、細々と食べるのです。その羊かんだけ食べて1カ月後に亡くなりました。

またある脳卒中で療養されていた高齢者は、最期が近づき家族の声かけにも目をつぶったままとなっていました。ところが孫が生んだばかりの赤ちゃんを連れてきたとき、その泣き声に目を開き、おまけに動く側の手でその小さな足を優しく包みました。そして安心したかのように深く目を閉じ、死に至りました。

高齢者を看取るとき、家族と築いてきた日常、そして家族特有の関わりが、本人にとってもっともふさわしいケアになることがあります。残された命に寄り添う家族にしかできない関わりが、最後の一滴まで生き切るための支援になるのだと痛感します。

過ごしやすい環境づくりのための工夫

❶ 落ち着けるスペースを確保しましょう

a 本人が落ち着くことができるスペースを選びましょう

b 戸建ての場合は1階が望ましいでしょう。また、トイレ移動を優先する場合、トイレに近い場所がよいでしょう

c ポータブルトイレを押し入れに入れて、その中で使っている人もいました

d 窓があり、外の木々、花など季節の変化が見られる場所もよいでしょう

e 本人の希望にもよりますが、家族のだんらんの場に近いところ、お孫さんがいれば近づきやすいところがよいと思います

❷ 部屋の環境を整えましょう

a 気温は22～26度（夏季)、18～22度（冬季)、湿度は45～65％（夏季)、40～60％（冬季）が理想的です

b できれば外の風が入るような気流が感じられるとよいです。呼吸が苦しい場合、窓が開いている環境で気流が感じられたり、扇風機やうちわで流れる空気が感じられると、苦しさが軽減することがあります

❸ ベッドの上での姿勢を工夫しましょう

a 膝を少し曲げ、45度背上げをした状態にすると、呼吸をしやすいポジションがとれます。疲れるようでしたら、頭を少し下げます

b 背中の枕で後ろに倒れないように、また腹部の緊張を除き「抱き枕」を使用すると楽な姿勢がとれます。股の間に枕をはさむと、リラックスした姿勢が保持できます

●ベッド上で楽な姿勢

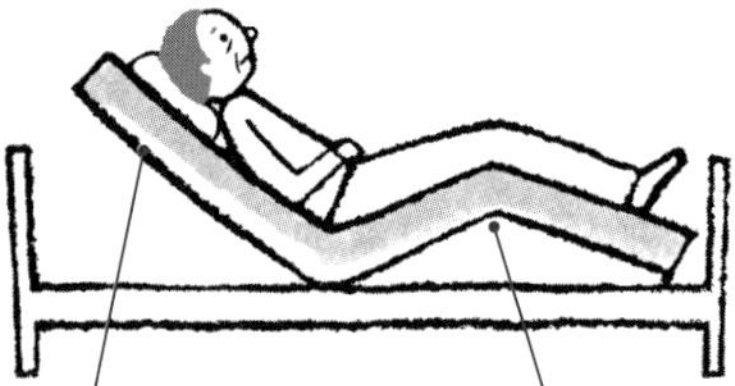

❹ 体力の消耗を除き、いつもの営みが感じられる環境が理想的

a 日常の営みが感じられることがよいと思います

b 好きなペットがそばにいると落ち着きます。また家族が寝入ったときなど、ペットが、主人の容態の変化を家族に教えてくれることもときどきあります

「そのとき」のシミュレーションをしておきましょう

□もう一度、緊急時の連絡先を確認し、家族間で共有する
□最後に着る衣装が選んであるとよい
□気持ちに余裕があれば、葬儀屋さんとの顔合わせをしておく

シミュレーションは具体的に

最期の「そのとき」がいつ訪れてもいいように、それまでのあらすじを考え、具体的に準備しておきましょう。そして呼吸が止まった際の手順をシミュレーションしておきましょう。

❶ 緊急時の連絡先の確認はしてありますか？

呼吸が止まったとき、またその他のことで困ったときの連絡先は明確ですか。

そしてそれは家族、また関係者の中でも共通理解されていますか。

たまたま訪れた近所の人が本人の状態が悪い様子を見て、救急車を呼んでしまったという例もあります。誰が来てもわかるように、連絡先等が掲示してあるとよいでしょう。

❷ 最後に着る衣装は用意してありますか？

これも余裕があるうちに選んでおきましょう。

私の経験の中では、シルクのワンピース、ストッキングにパンプスといった方、フラダンスを日本に広めた方はムームーに花輪のレイ、工場の社長はツナギにキャップ、それぞれが一番輝いていたころの装いで旅立たれました。

❸ 会わせたい人に声をかけましたか?

あとから、「どうして知らせてくれなかったの?」と言う人がいます。会わせておきたい人には声をかけ、最後の機会になるかもしれないことを伝えましょう。

❹ 葬儀屋さんとの顔合わせはしてありますか?

高齢者が亡くなったばかりで家族が憔悴《しょうすい》しているなか、葬儀屋さんの言いなりになっているのでは?と懸念《けねん》を抱くことがあります。気持ちに余裕があるときに、葬儀等の予算や希望等を伝え、プランのたたき台をつくっておくとよいと思います。

❺ 最低限必要な現金は用意してありますか?

本人の口座から現金が引き出せるうちに、必要な現金があれば用意しておきましょう。葬儀は大きな出費の機会となります。お金をかけない葬儀でも平均的に数十万円はかかります。

❻ 連絡先リストはつくってありますか?

① 亡くなったことをすぐに知らせたい方々
② 葬儀等に来ていただきたい方々
③ 葬儀のあとに連絡すればよい方々

といったように、段階別に分けておくと混乱が避けられます。

というのも、たとえば家族だけでの葬儀を予定していたのに、連絡をした人がほかの人に連絡し、思わず多くの方が葬儀に集まるといったことがあるからです。連絡先を明確に分け、葬儀に呼ぶ人以外には連絡をしないなどの区別が必要です

気持ちの余裕があるうちに、シミュレーションをしておきましょう。

「119番」（救急車）を呼ばない

□救急車を呼ぶことは、最大限の延命措置を求めることである
□最期までケアができないと不全感が残ることがある
□生きるためのケアを、最期まで続ける。死は生の延長線上にある

最期までケアできたという充実感

ヘルパーなどの介護職員は医療者ではありませんが、施設や家での看取りの経験を積んでいる職員が増えています。そうした職員は、高齢者が生活の場で医療処置がなくても穏やかに死に至っていく姿を見ています。最期のお別れのときまで一緒に過ごし、家族的な雰囲気の中で看取りができることが、心残りのないケアにつながると実感しています。

しかし、高齢者の容態が変化したことに驚いた家族が救急車を要請し、本人を入院させてしまうことが多々あります。そして高齢者が病院で最期を迎えたことを知った介護職員は、寂しさやケアの不全感を感じると言います。

生きることの延長線上に死がある

介護職員の中には、自分の家族の死さえ経験していない20歳代の若い職員もたくさんいます。彼らは、看取りを終え、次ページのような感想を語っています（▼126ページの「介護職員の声」）。

徐々に衰えていく姿に戸惑い苦しみながらも、死に至る高齢者から目をそらさず、ケアする様子が伝わってきます。

介護職員の声

「看取りのときは、そばに肌のぬくもり、息づかいがあると本人は安心できると思う」

「死の直前に〝ここにいてよかった〟とおっしゃってくださった。いかに過ごしやすい状態をつくれるかが重要だと考えた」

「家族に囲まれ、家族がもつ雰囲気の中で看取られることは、病院よりよいのではないか」

「毎日の〝生〟を支えるケアをしていない場合、その人の〝死〟に直面すると後悔する。生を支えられずに、死を支えられない」

「一瞬一瞬の関わりを大切にしている。看取りのためにあらためてケアをしているのではない」

介護職員たちは高齢者を長くケアするなかで、生きている延長上に「死」があることを理解します。そして、その死を誰かにゆだねてしまうのではなく、正面から見据えていくことが大切であることを体得しているように見えます。

「いっそ、病院にお任せしてしまえば、こちらも気が楽になるのですが……」というのは、家族の本音のひとつでしょう。

しかし、救急車を呼ぶということは、医療的な措置によって延命を求めるという意思表示です。救急車の搬送からはじまる病院での医療処置は、穏やかさを指向する看取りとはまったく異なります。

心配なことは、まず緊急連絡先に書かれた在宅医、訪問看護ステーションに時間を問わず相談するようにしましょう。

怒りまくった救急医

その家族とは何回か話し合いの場をもち、家で看取る方針を固めていました。そのため、ヘルパーが訪問したときに高齢者本人が苦しそうな息づかいをしていたのですが、家族との約束どおりそのまま見守っていました。ところがです。たまたま海外勤務から帰国していた息子が「このままにしておけないでしょ」と救急車を呼んだのです。

救急隊は今にも止まりそうな息づかいから、救命救急センターに行くことを息子ら家族に説明し、処置をしながらの搬送後は救急医にゆだねました。

そして救急医が口からチューブを入れ呼吸を確保することを家族に説明するやいなや、息子は「そこまでしなくてもいいです」と言ったのです。救急医は「何もしなくていいのなら、どうしてここに連れて来たのだ！」と激怒し、救急隊にも「ちゃんと説明したのか！」と息巻く結果となりました。

久しぶりに見た親の姿に、驚いた息子の気持ちもわかります。いっぽうで、話し合いには参加していないけれど、キーパーソン、あるいは事態に影響を及ぼす「伏兵《ふくへい》」がいないか確認しつつ、看取りの話し合いをもち、関係者全員と合意形成を行うことが大切だと思った経験でした。

「死に目に会えない」ということ

□死に目に会えないことはよくある
□いちばんいいときに、高齢者本人は逝《い》くと考える
□死に至る前に、感謝の言葉をしっかりと伝えておく

「死」が訪れるタイミングは誰にも予期できない

「死に目に会う」、つまり息をひきとるときに立ち会えることが、残される家族には大切なことのように思われています。

病院での最期の場面では、死に瀕《ひん》している患者を前に、「家族が全員そろうまでは延命措置《そち》によって命をもたせてほしい」と医師に言う家族メンバーもいます。

しかし、死に目に会う、会えないことは、私たちの能力ではどうにもならないことです。つまり、「もう今晩くらいかな」と思っていても次の夜明けを迎えることがありますし、変化がないから「まだ大丈夫だろう」と思っていたら、急に容態が変化し死に至ることもあります。いつ死に至るのか、正確な時間は何度経験してもわかりません。本人もたぶん死の時間を選ぶことはできないでしょう。

それまでずっと固唾《かたず》をのんで側についていたのに、変わらない様子を前にふとその場を離れたときに、最期の呼吸が始まることがあります。そうして呼吸が止まってからその場に戻った家族は、「どうして？　さっきまでずっといたのに……」とうらめしそうにこぼされます。

死に至る高齢者は、いちばんいいタイミングに召されていくと考えておくとよいと思います。看取り

の時期となり、そのときが近づいたら、「どうぞ、いちばんいいときに逝ってください」と泰然と構えておくとよいのではないでしょうか。

本人を囲む食事会を催し お別れを言っておくのもよい

また呼吸が止まったときが「死」のときというのも、社会の中での合意事項のようなものです。心臓は動いているのに医師らによって宣言される「脳死」という人の死の定義もあります。

　また、呼吸が止まっても体の全細胞が死に至るまでには数日かかるといわれます。どの時点を人の死と考えるのかは、その社会の約束事です。

　このごろ、本人が死に至る前に本人を囲んで食事会をする家族がいます。最後の晩餐《ばんさん》のようですが、その食事会で、本人に「これまでありがとうございました」、「長い間、お疲れさまでした」、「また会いましょう」と声をかけることができるので、いつ最期が訪れても覚悟ができているという気持ちをもつことにつながります。

　こうした機会があれば、発車間際のホームにかけこむようにして死の間際の言葉かけができなくとも、お別れの言葉かけはすませているという安心も得られるのではないでしょうか。

　看取りでは「一期一会《いちごいちえ》」、いま生きて会っている機会は二度とくり返されない最後のふれあいだと考え、しっかりとお別れをしておくことが必要です。

いつ訪れるかわからない「そのとき」に後悔が残らないようにしたいですね。

看取りをする家族の休養も大切

家族ががんばりすぎてもよくありません

- □看取りの苦痛は家族の苦痛でもある
- □「これならそんなに悪くないか」くらいでよしとする
- □不安や悲しみの気持ちは、第三者に打ち明ける

家族の苦痛が軽減するためのポイント

高齢者の看取りで大切なことは、ご本人が「もっともよい状態」にあるかということ、それと同等にときにはそれ以上に、看取りをしている「家族が苦しみすぎていないか」ということも考慮する必要があります。

看取りに関わるさまざまな苦痛は、家族の苦痛であることが少なくありません。家族が看取りの苦痛を乗り越えていけることが、看取りの大きな鍵を握っているといえます。

そのために、いくつかポイントを示しておきます。

❶ 高齢者本人の身体的苦痛は、医師に相談してできる限りとってもらう

高齢者本人が穏やかであることが、家族に安心をもたらすからです。

❷ケアマネジャーや訪問看護師に相談し、導入できるサービスの調整をする

家族だけで抱え込むと、負担が大きすぎることがあります。介護などアウトソースすると負担が軽減します。

❸「これならそんなに悪くないか」くらいの進み方で、よしとする

７割くらいの力で看取りを進めている家族の家では、ときどき笑い声も聞こえて和やかな雰囲気があります。気負わず、いつもどおりの日常の中で、看取りが進んでいる様子が伝わります。

❹家族も定期的に休養の時間が必要

看取る家族自身のケアも大切です。心身とも、開放される時間を大切にしましょう。

看取りの最期の時期が近づくと、家族の緊張も高まってきます。そして高齢者本人はしだいに静かになっていくのに反比例して、看取りをする家族の心身の苦痛が高まっていることを感じることがあります。家族も看取りをふわっと乗り越えていけるよう、ケアマネジャーや訪問看護師等に不安なことや悲しみを打ち明けてみるとよいでしょう。

家族の負担感がなくなるということがベストであるとは思いません。やはりある程度の責任と覚悟を負い、負担の中で苦労し、家族で乗り越えていくという経験は必要であると考えます。

看取りを終えたあと、しっかりと自分たちが関わって見送ることができた家族からは、「やりきった」というすがすがしい姿を見ることができるからです。

緊張の連続ではなく、適度に力を抜いてリラックスをしてみるといったバランスが大切です。

家族みんなで協力して最期まで関わりましょう

- □家での看取りが進まない要因のひとつは家族にある
- □家族が納得するように進める
- □看取りをめぐって家族は成長し、よい家族関係が再構築される

家族間でよく話し合って納得できる看取りを

看取りのプロジェクトには、最初から家族メンバー全員で参加し、進めていくことがよいと考えます。家での看取りを始めたものの、その方針が決まらずギクシャクしてしまう要因のひとつは、家族メンバー間の意見がまとまらないことにあります。

ひとつのパターンとして、高齢者と一緒に暮らしていた家族メンバーは、このまま家で看取りをすることを考えているいっぽう、高齢者と別に暮らしていた家族メンバーは、もう少し病院で回復のための治療を受けたらどうかなどと、意見がすれ違うことがあります。

話し合いをしても意見がまとまらない場合は、「受診をして治療することを医師に相談してみてはいかがですか」とアドバイスすることがあります。

入退院をくり返すうち、本人がよくならず、しだいに力が弱っていくことを認めざるを得ない状態になることがあります。

そうしたときに、在宅医や訪問看護師から、在宅で看取る具体的な話をされると、家族の方針がまとまっていくこともあります。

それでもまとまらないことがありますが、本人と家族の中で解決をしていただくことになります。どのような方針になろうとも、家族が決めたことです

から、そのようにされるとよいと考えます。「生きてきたように死ぬ」と言われますが、家族の歴史の中で培ってきた気風が、看取りのときにも反映されます。

私が、家族で、高齢者を家で看取ることがよいと考える理由のひとつは、その看取りをとおし家族がいちだんと大きく成長できるからです。看取りを終えた家族は、ひと仕事、大きなプロジェクトを終えたときのように、晴れやかにされています。もちろん大切な人とのお別れという悲しい、つらい現実と向き合うことになります。

しかし、誰かにゆだねることなく自分たちで大切な人の命を見送ったという「到達の実感」は、自分たちの心にいつまでも残ります。そして、家族間の会話もお互いを思いやるものとなり、死に至った人をめぐって、さらによい家族になったなと思わされるのです。

最期のときに現れた息子

数年のおつきあいの中で子どもの姿を見たこともなく、認知症の妻を介護する夫からも話題にならなかったため、子どもはいないと思っていたご夫婦がいました。妻は飲むことができなくなり、もう３日を越えようとしていました。そんなとき、長男と思われる男性が不意に現れたのです。その長男が現れてからほどなく、妻の呼吸が弱くなっていきました。我々の表情から、夫も長男も最期が来たことを読みとったようです。

そのときです。長男は母親の耳元で、小さな声で「もう大丈夫だから……」と囁《ささや》いたのです。聞こえていたと思いますが、理解できたかどうかはわかりません。しかし、小さいころから聞きなれた、そして久しぶりに聞く息子の優しい口調は、なにかうれしいことが起こったにちがいないと実感できたのではないかと思います。この世に残していく大切な人から、「後のことは心配しないで」と伝えられることにより、母は安心して旅立てたにちがいないと思えたのでした。

「実践編」Q&A

Q 深夜、在宅医に連絡がつかず、救急車を呼んでしまいました。その後はどうすればよいでしょう？

A 在宅医に連絡がつかない場合は、訪問看護ステーションに連絡しましょう。現在の消防法令では救急隊は救急蘇生などの処置をしながら搬送、または死亡が確認されれば搬送をしないかのどちらかの選択しかできません。

救急車を呼んで救急隊が到着してしまったなら、在宅医および訪問看護ステーションにもう一度連絡をしましょう。本人の意思を示す書類やそれまでの経過の記録、また在宅医と救急隊がやりとりできれば、救急蘇生の中止や搬送の中止につながることもあります。

救急車がけたたましく到着し、救急隊が家の中に入ってくるとその場は騒然とします。それまでの状況を知らない救急隊から「全力で生命を救いますか」と尋ねられるとつい同意してしまいます。搬送することになったとしても、無理な延命を望んでいないことなどの希望を伝えましょう。救急隊が搬送先の病院に連絡する際、救命救急センターなのか、地域にある一般病院なのかを選ぶ際の重要な情報となります。

緊急時には、まず、訪問看護ステーションに連絡して指示を仰ぎましょう。

Q

食べなくなり、飲まなくなりましたが、心配です。どうしたらよいでしょうか？

A

生物の一生には、そのときどきで生きるために必要なもの、必要でないものがあります。我々は思春期や成長期に一日にたくさんの量の食事を食べていたと思いますが、年を取るほどそんなに食べられなくなっていきます。多くの人は高齢になると食事の好みも変わり、あっさりとしたものが口に合うようになり、食べる量も減っていくのではないでしょうか。

若者にとって飢えや脱水は、大きな苦痛をもたらします。生命維持のために体が反応し、なんとか栄養と水分をとらせようと苦しめているのです。そして食べること、飲むことによって快感がもたらされます。

いっぽう、食べなくなったり飲まなくなったりする高齢者は、食事や水分を提供しても受けつけないで口の中に溜め込み、吐き出します。基本的な欲求を満たすことの快感より、基本的な欲求を満たすことの苦痛が上回るようになったら、その手を緩めることは妥当と考えます。

食べない、飲まないから死に至るのではなく、死に至るから食べなくなり、飲まなくなるのです。

食べない、飲まない状態になったとき不安を感じなくても大丈夫です。

Q

のどのゴロゴロが取れず、吸引器を使っていますがうまく取れません。どうすればいいですか?

A

病院勤務をしていたころ、くり返し吸引をしていた患者さんののどを内視鏡で見る機会がありました。そののどの粘膜には赤くうっすらと出血した筋が何本もついており、明らかに吸引によって粘膜が傷ついたと思われました。

その患者さんは吸引をするたび、それまで閉じていた目を見開き、どこにその力が残っていたのかと思うくらい強い力で看護師の私の手を振り払おうとしました。その手を脇で抑えながら吸引をしたのですが、本人にたいへんな痛みを与えていたことが想像できました。

吸引による苦痛とゴロゴロとしている苦痛を「天秤」にかければ、力を振り絞って阻止しようとする吸引のほうが本人にとって大きな苦痛となっていたわけです。

看取りの時期のゴロゴロはいくら吸引しても取り切れないことがあります。ゴロゴロ音がするのは気になりますが、「本人が嫌がることをしない」ことは、看取りの時期には重要な選択となります。無理のない範囲で利用されればよいと考えます。

一般にこうした器具というのは、目の前にあると使わずにはいられなくなります。なくてもすむなら器具は導入せず、ただ一緒にいるという時間を大切にされるとよいのではと考えます。

Q 看取りでもっとも大切なことは、ズバリ何でしょうか？

A 高齢者本人が「もっともよい状態」でいられることです。よい状態とは、死を前に苦痛が少なく、穏やかでいられることでしょう。こうした状態にあれば、家族は安心して看取りを進めていくことができます。

そのための視点として、「引き算のケア」が重要です。看取りに臨むとつい何かをしなければならない気がします。逆に「もっともよい状態」にするためには、不要なストレスや刺激となることを除いていくことです。もっと言うなら、本人が嫌がることはしない、気持ちのよいと感じることだけをすることです。

終末期がんの人の中には、「1分でいいから、ぐっすりと眠りたい」と言う人がいます。眠りは気持ちのよいことのひとつでしょう。食事も食べないで寝ていると、「傾眠《けいみん》がち」と気になってしまいますが、本人には食べることより安定した状態にあるとも言えます。

私たちのものさしだけで見ないで、高齢者の表情を読み取り、より苦痛がない状態を選択・採択していくこと、そして、「とにかく何かをする」ことばかりに時間を使っていて、「ただ一緒にいる」という時間の大切さに気づかなかったということのないよう、寄り添っていくことが大切であると考えます。

「実践編」のおさらい

□死に至るおおまかな経過がわかりましたか？

□とくに危篤《きとく》のときの状態がわかりましたか？

□医師にお願いすること、家族ができることはわかりましたか？

□息が止まった際のシミュレーションはできましたか？

□最後の衣装の用意はできましたか？

□救急車を呼ばないことの確認、呼ばない体制ができましたか？

□医師、看護師等への連絡の体制は確認し、掲示してありますか？

□家族内の連絡の順番は決まりましたか？

パート4

終結編

最期のときは、在宅医が立ち会わなければならないの？

どのタイミングで在宅医、訪問看護ステーションに連絡すればいいの？

亡くなったら、まずしなければいけないことは何？

息が止まっていたらどうすればいいのだろう

悲しくて、つらいときにはどうすればいいの？

葬儀社に連絡するタイミングは？

呼吸が止まったらあとはどうするか

ゆっくりお別れの時間をもちましょう

- □亡くなっても、亡くなっていても、あわてない
- □家族全員で、しっかりとお別れをする。在宅医等への連絡は、そのお別れがしっかりできてから
- □お別れの言葉をかけてあげる

呼吸が止まってもあわてずに

最期のときには、呼吸が止まり、止まったかと思ったら、しばらくしてもう一回息を大きく吸い、そして静かになっていきます。

はじめて見る様子に、悲しいというより、何か不思議な思いがするかもしれません。あたりまえかもしれませんが、亡くなった方はほんとうに静かになり、微動もしません。「終わる」ときには、本人もそして周囲の空気も時間が止まったように静かになります。

その時間に集中できるように、テレビなどは消して静かな環境にしましょう。この時間を大切にしてほしいと思います。よくまぶたに焼きつけてほしいと思うのです。その時間の記憶は生涯消えることなく残っていくでしょう。

家族でかわるがわる本人の顔をしっかり見て、声

をかけられるとよいと思います。「ゆっくり休んでください」「お疲れさまでした」、そして「ありがとう」と言えるといいと思います。

呼吸が止まったらすぐに医師や訪問看護ステーションに連絡する家族がいます。また、早々と葬儀屋さんに連絡を入れ、医師が訪問したときには葬儀屋さんが来ているといった例もあります。

しかし、呼吸が止まったら、もう何もあわてることはありません。体が硬直してくるまでには、時間がかかります。温かさがある本人とじっくりお別れをしてください。

呼吸が止まっても、本人や寝具も生きていたときのままに、整えておきましょう。電話で呼ばれた在宅医や訪問看護師、別のところに住む家族や縁者、葬儀屋さんなど、いろいろな人が出入りするようになります。玄関や通路、部屋も整えておきます。

「いってらっしゃい！ 向こうにいるおじいちゃんによろしく！」

前夜から今か今かと長女らが見守っていました。その未明、ご本人の様子が気になり訪問した際、下顎《かがく》呼吸が始まっていたので、「旅立ちのときが来たようです」とお伝えしました。そうしたところ、長女と次女は母親の両側から耳元に口を寄せ、「いってらっしゃい！ 向こうにいるおじいちゃんによろしく！」と声をかけたのです。

こうして姉妹は最後の呼吸が終わるまで、しっかりその経過を本人に寄り添って見続けたのでした。そして「これがほんとうに最後の呼吸でした」と終わりが来たことを我々医療者に伝えてくださいました。

家では逝《い》く本人と家族の間に白衣の医療者が割り込むことがありません。それまで過ごした家族が本人のかたわらに寄り添い、最後のお別れに集い、言葉をかける重要な機会となるのです。

その後の連絡はどうするか決めておきましょう

□「緊急連絡先」にしたがって連絡を入れる
□在宅医、訪問看護ステーションの訪問時間の予定を聞いておく
□その場にいない家族に連絡する。連絡の順番が大切になることもある

あらかじめ決めておいた順序で関係者に連絡をとる

呼吸が止まり、家族の皆さんでしっかりとその時間を過ごしたら、「緊急連絡先」にしたがって、在宅医、訪問看護ステーションに連絡をします。

その際、在宅医の訪問予定時間を確認しておきましょう。日中・深夜の時間帯、休診日の事情によっては在宅医の訪問が遅れることがあります。同様に訪問看護ステーションの訪問予定時間を確認してください。訪問看護ステーションの看護師が先に訪問して、死後に必要なケアを家族と一緒に進めることもあります。

在宅医による最後の診察には、家族が同席されるとよいでしょう。この死亡診断がされるまでは法的には「死亡」しておらず、「心肺停止」の状態です。家族が呼吸の止まった時間を確認していれば、その時間を在宅医に伝えます。

24時間以内に在宅医が診察していれば、診察なしで「死亡診断書」が交付できる「24時間ルール」があります。死後、医師が訪問しないで死亡診断書だけを家族に届けることもあります。

次に、最初の段階で知らせる家族などに連絡をしましょう。最初に誰に知らせたかといった順番が家族のもめごとになることがあります。あらかじめ明確にしておくとよいでしょう。

「エンゼルケア」を行いましょう

□家族も、エンゼルケアに参加できるとよい
□旅立ちにふさわしい衣装に、着替えていただく
□家族が知っている本人らしい姿に整える

生前の本人のイメージを残したエンゼルケアを

エンゼルケアとは、死後に行われる処置です。訪問看護ステーションの訪問看護師が行うことが多いと思いますが、状況によって葬儀屋さんが行うこともあります。

訪問看護師がエンゼルケアを行う際は、家族も一緒に行うとよいと思います。おおまかな手順として体全体、頭、顔をタオルなどで拭きあげ、汚れを除きさっぱりとした外観に整えます。排泄《はいせつ》物が漏《も》れ出てにおいの元とならないような処置が行われることもあります。

その後は、選んであればその衣装を、またそのときに決めた衣装で、本人らしい装いにします。女性の洋装であれば、ストッキングに靴、和装であれば足袋《たび》や草履《ぞうり》もあればよいでしょう。

こうした支度を家族としていると、しだいに家族の緊張が解け、和やかなひとときになることがあります。衣装にまつわる思い出を家族が問わず語りにし始め、知らなかった高齢者本人のエピソードとその人生に感激させられることもあります。

髪を整え、男性であればひげを、女性であれば化粧を整えます。葬儀屋さんがこうした死化粧をすることがありますが、ときに本人の生前のイメージとは異なる姿になっていることがあります。本人をい

ちばんよく知っている家族がこうしたケアに参加することで、家族が思う本人らしさが浮かび上がります。こうしたケアを通して徐々に気持ちが落ち着いていくと思われます（▼家族が死化粧を施す場合は）。

家族が死化粧を施す場合は

1 皮膚は乾燥してもろくなっているため、力を入れすぎないようにしましょう

2 化粧水で十分に水分の補給をします

3 やさしくのせるような感じでファンデーションを塗ります。ブラシなどを使うと自然な仕上がりになります

4 ほおや耳たぶに赤やピンクなどの明るい色をのせると、肌の血色をよく見せる効果があります

5 眠っているように自然に見えるのであれば、手を加えすぎないことも大切です。いつものなじみのある本人の表情を意識してください

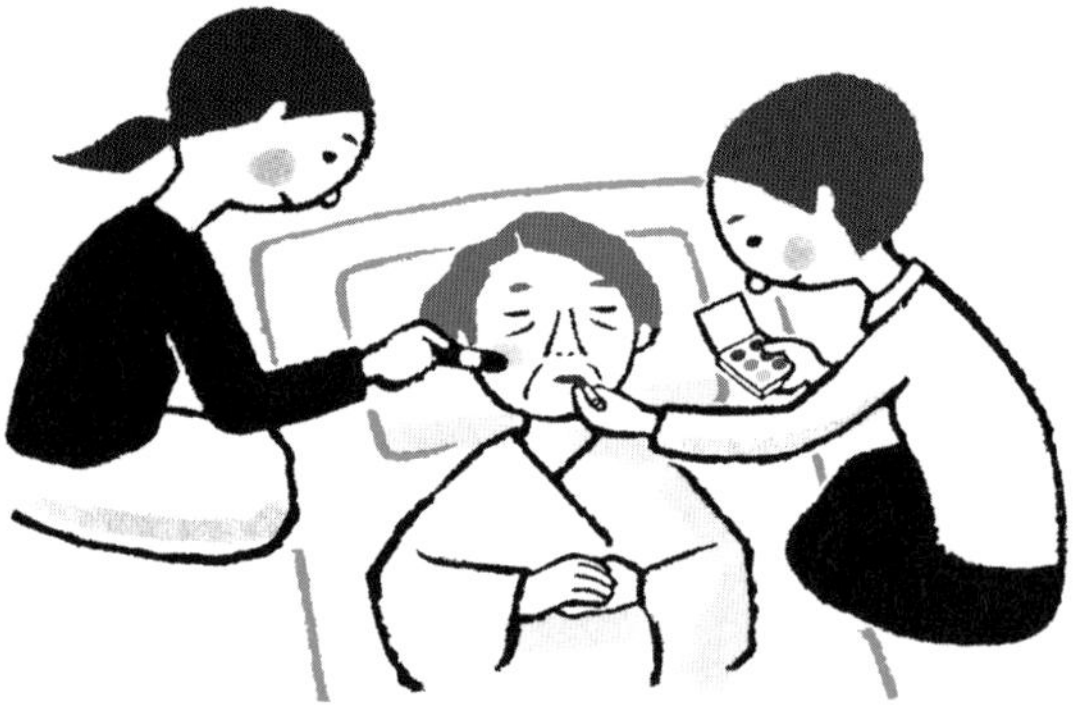

家族が思う本人らしい、なじみのある表情に仕上げられるといいですね。

葬儀社への連絡はあわてずに

- □葬儀社への連絡はあわてない
- □葬儀社の来訪時間を確認しておく
- □忙しくなる前に、お別れの時間をしっかりもっておく

葬儀社の来訪後は急にあわただしくなるもの

葬儀社への連絡は、医師による死亡診断が終わってからでかまいません。あらかじめ打ち合わせがすんでいると、気持ちにも余裕がもてるでしょう。こちらも来訪時間を確認しておきましょう。

葬儀社の来訪後は、ご遺体の安置場所、葬儀を行うのならその日程、葬儀の内容など、事務的に決めていかなければならないことに直面します。

また、訃《ふ》報《ほう》の連絡、それを伝え聞いて連絡をしてくる人への対応など、応対や交渉ごとが連続し、逝《い》った高齢者と自分たち家族の時間を十分もつことができなくなりがちです。

外部の方々が動き始める前に、まずは高齢者本人とお別れの時間をしっかりもっておけるとよいと思います。

葬儀社の来訪後は、あわただしくなるので、その前に家族でのお別れをきちんとすませておきましょう。

家で看取りができたことは最善

どんなに最善を尽くしても、必ず悔いは残ります

□看取り後には、何かしら悔悟《かいご》の思いは残るもの
□後悔の思いを抱きながら、残されたものは生きていく

看取りを終えた家族が抱くさまざまな思い

看取りを終えた家族、あるいは介護職員にアンケートを取ってみると、十分よい看取りができたと答える人もいますが、まだまだできることがあったと返答する人も必ずいます。

「元気なうちに、もっと外出に連れて行っておくべきだった」
「もう少し早く自宅に戻せばよかった」
「そばにいて、じっくり話ができればよかった」

など、生きている間にできることがもっとあったのにという、悔悟の思いが綴《つづ》られます。

私の母は希望どおり、家でひとり死を果たしました（▼88ページコラム）。死を予測し、書き置きまで残し、思いどおりに逝《い》けたのだろうと、頭では考えます。

しだいに衰弱していることはわかっていました。「もっと会いに行っておけばよかった、時間をしっ

かりもって本人の思いを聞けばよかった」と今でも思います。「あのときに、もっとこうしていたら……」という思いがついて回ります。

人の看取りについては、「何回看取りをくり返しても、ほんとうにこれでよかったかなと思うもの」とわかったようなことを言っておきながら、我が身を振り返れば、やはり、悔悟の思いがあふれてくるのです。

それではそうした悔悟の思いから解放されたいかと言われれば、私は「いいえ」と答えます。そうした思いを持ち続けることで、逝った人を忘れることのないよう、自分につなぎとめておきたいと思うのかもしれません。

大切な人への思い、楽しい思いも苦しい思いも含め、そうした思いを背負って自分自身が生きていくことは、残された者のさだめのようなものだと思っています。

看取りを乗り越えた家族は結束も強くなります

- □家族による看取りは、家族の結束をより強くする
- □「またね」は「また逢える」という希望の言葉
- □家で看取ることは、自分自身の死の準備ともなる

看取りを通して家族も成長する

高齢者本人が息を引き取るとき、またその死後、高齢者本人を囲む家族の姿から、強く結束している様子がわかります。

そして、「ひとつの家族になったなぁ。いい家族

だなぁ」と心が揺さぶられます。

息を引き取ったことが家族にもわかったとき、さざなみのように小さな、しかし高齢者の人生を称えるような拍手が起こることがあります。

「お疲れさまでした。よく私たち家族を支えてくれましたね」というエールを送るような拍手です。

またある家族は家族同士、互いに握手を交わし、訪れた医療者にも涙をかみしめながら握手をしてくださることもありました。

「これで終わりました。しっかりと見送ることができました。ありがとうございました」と家族同士を互いにねぎらうような、素敵な握手だったと思います。

伴侶《はんりょ》だった高齢者を亡くした方は、小さく「またね」と耳元で囁《ささや》かれたり、「楽しい人生を一緒に過ごしてきたね」と奥様につぶやかれたりする男性もいらっしゃいました。

「またね」は「また逢いましょうね」の意味です。また必ず逢えるという、希望にあふれているいい言葉だなと思って聞かせていただきました。

家族が力をあわせひとつになって大切な高齢者を看取ったとき、満ち足りた雰囲気に包まれます。死を看取るまでの経過は、つらかったり苦しかったりしただろうと思います。しかし、大切な人の死を誰かに任せるのではなく自分たちで看取った家族は、充実した雰囲気を見せてくれます。ただ悲しいだけではない、また力及ばなかったという敗北の雰囲気ではない、旅立ちを見届けそして家族が継ぐ大切なバトンを受け取ったという到達感のような様子がうかがわれます。

看取りを終え、「ああ、いい最期だった。自分もこんなふうに逝《い》きたい」と述べる家族もいます。こうした家族の看取りの経験は、「死に至るまで生きる」手本を見る機会となります。家族を看取ることは、自分の死を迎える準備でもあるといえるのではないでしょうか。

自分が歌うアヴェ・マリアで昇天した声楽家

人が逝くときには、ちょっとしたドラマが生まれることがしばしばあります。

その声楽家は孫の結婚式に伴奏なしでシューベルト作曲の「アヴェ・マリア」を披露されました。そのとき録音された本人の歌声を流していたおり、本人の下顎《かがく》呼吸（▶104ページ）が始まりました。そうして家族全員が見守るなか、自らの歌声を周囲に聴かせながら昇天されたのです。

声楽に一生をささげた人生のエピローグは、自らが歌う「アヴェ・マリア」、〝おめでとうマリア〟を歌いながらの旅立ちでした。

その姿を見ていた家族のひとりは、「ああ、私もこんなふうに死にたい」とおっしゃいました。家族の死を「なま」で見ることが、自分自身の最期を思い描く最初の機会となったようです。

最期の迎え方を具体的に考えることは、それまでのたどり着き方、つまり生き方の選択につながっています。 家族を看取るということは、自分自身の死に至るまでの生き方を考える大切な機会となります。

悲しみを我慢しないで

感情が不安定になって当然なのです

- □自由に悲しむことが大切
- □ひとりになって十分悲しむこと
- □無理に立ち直らなくてもいい

震災で家族をなくした方の悲しみから見えたこと

東日本大震災（２０１１年３月）の発災後、私は現地の福祉避難所で救援ボランティアの活動に従事しました。

一家で近所の小学校に逃げようとしていた途中、振り向いたら5メートルは優に超える真っ黒な波の壁が背後から襲いかかり、家族３人に叩きつけたという話を聞きました。伸ばした手が2階家の庇《ひさし》に届き、屋根にはい上がったその方だけが助かりました。そして黒い水とともに飲み込んだ重油やヘドロまじりの水をゲーゲーと吐き出したとのことでした。

手を振っても救援のヘリは何度も飛び去り、雪が降る真っ暗ななか、箱に入ったまま流れてきた大人用のおむつを引き寄せ、乾いたおむつを体に巻きつけて酷寒をしのいだそうです。

こうした偶然が重なり助かった人たちが、避難所に集まっていました。発災1カ月後の同時刻の黙祷《もくとう》後、フラッシュバックが起こっているのか、誰もが膝まづいたまま立ち上がることができず、重苦しい空気に包まれました。

そうしたなか、小学生のお孫さんを含め家族のほとんどを失った高齢者の方が、「（誰にも邪魔されずに）自由に悲しませてほしい」とつぶやいていました。数十人が雑魚寝《ざこね》する体育館では、ひとりの居場所がなかなかつくれなかったのです。

私たち支援に入った者は、悲しみを乗り越えるのではなく、ひとりで存分に悲しみに浸っていただけるよう、避難者の方々を支えることにしました。

そうして、無理に立ち直らなくていい、立ち上がれなくてもいいじゃないですか、と心の中で思い、寄り添うことにしたのです。

家族にも心のサポートが必要です

- □看取りの苦しみは家族の苦しみでもある
- □看取りのケアチームの専門職メンバーに連絡してみる
- □専門職メンバーは、看取りに一緒に携わった同志、仲間である

ともに看取りに携わったチームにサポートしてもらおう

「いつまでも、悲しんでいないで。亡くなった人が天国へ行けないよ」と周囲から言われて傷つく家族がいます。励まそうという善意から出た言葉なのでしょうが、悲しい気持ちを語れない、そのことがつらいとこぼす家族がいます。

看取りの苦しみは、家族の苦しみでもあります。この家族の苦しみにも十分な配慮が必要です。

ひとりで悲しんでいることがつらく、家族のほかのメンバーともつらさの共有ができないという場合には、看取りを行ったケアチームの専門職メンバーに連絡をとってみてはいかがでしょうか。訪問看護ステーションの看護師、またケアマネジャーも、看取りをした家族のその後の様子は気になっているものです。

家族とともに看取りに立ち向かった看取りチームのメンバーの間には、ときに連帯感のようなものが感じられるようになります。一緒に戦った同志のような気持ちさえすることがあります。

ある方は看護師の私とともに看取りの決断から看取りの終結まで、一緒に経験しました。母親思いの彼は、仕事を続けながら母の世話を続けていたのですが、生命の時間が限られているという現実を受け入れざるを得ませんでした。そうして看取りが終了したあと、彼はときどき私を訪ねてくれました。そして、私の顔を見るたびに彼の目から涙があふれてきました。何も言わなくても彼の優しい思いが伝わり、私も胸が熱くなりました。

医療、介護の保険サービスは、生きている人を対象とします。看取りの苦しさの緩和も、高齢者本人に焦点化されがちです。

ある法医学の医師は、事故や事件に巻き込まれ亡くなった人の遺族に接してきた経験から、「家族が成仏《じょうぶつ》することが大切である」と言います。不本意ながら大切な人を失いこの世に残された家族が、安らかな境地にいられることが大切であるという意味でしょうか。

残された家族は悲しみや悔悟《かいご》の気持ちなど、さまざまな思いに揺らぎます。ときにはひとりでじっくり悲しみに浸ることもよいでしょう。そして、看取りの経過や家族の変化をわかっているケアチームのメンバーに近況を伝え、看取りを振り返ることもよいのではないかと考えます。

また生きていく私

看取りを終え大切な家族と別れることになりました。よい「お別れ」ができたでしょうか。

旅立った大切な人から最後のメッセージを受け取った私たちは、今度は私の「そのとき」を考え生きていくことになります。

「死と同じように避けられないものがある。それは生きることである。(There's something just as inevitable as death. And that's life.)」～チャールズ・チャップリン　映画『ライムライト』より

「Life goes on」、されど我らが日々は続きます。

こんなふうに送ってもらえるのね

高齢者本人から話題にすることはほとんどなく、また家族の側からも話しにくいことが、「本人の死」についてです。

施設やホスピスで看取りを終えた際、施設内で「お別れ会」を行うことがあります。一緒に過ごしたほかの高齢者も参加します。ある高齢者は「ああ、こんなふうに送ってもらえるのね」と自分の最期を想像したようにつぶやきました。またある高齢者は、「早く順番が来ないものかねぇ」といつもの快活な様子と違った風情でつぶやいていました。

高齢者自身も、そうした思いを口にしてはいけないと思っているのではないかと推察します。しかし、死に対する考え方は年齢とともに変化し、自身の死について思案しているのではないかと思うのです。死について直接話題にしなくとも、これからどのように過ごしていきたいのか、本人の生きていくうえでの選択を引き出してみる機会があってもよいのではと思います。

「終結編」Q&A

Q

最後に与えた水がきっかけで死が早まったと後悔しています。そのようなことはありますか？

A

病院臨床や施設臨床では、看護師や介護職員が、高齢者の寝ているベッドにうかがったときに、すでに亡くなっていたというケースが必ずあります。

特に夜間、一度様子を見て変わりがないので2～3時間たって再度巡回をしたおりに、息を引き取ってから時間が経過していると思われる状態で発見するということもあります。

亡くなる前にその徴候をつかめればよかったと後悔をしますが、避けることができません。

それでは、事前に徴候を発見し、予防的な対処ができたらよかったのかと問われれば、なんとも言えません。

妙な言葉ですが、専門職の中で「死にはぐる」という言葉を使うことがあります。死ぬタイミングを失い生きながらえてしまったという意味合いで使われます。これは、死ぬ経過のおりに延命措置が行われたために死ねなかったというニュアンスです。きっかけはともかく、逝《い》けるときに逝くことができること、これがよいことだと思われます。

死のきっかけが何であったと言えるものではありません。
「逝けるときに逝かれたのだ」と考えましょう。

Q いつ呼吸が止まるかと思うと心配でなりません。不安を和らげるにはどうすればいいですか？

A 何回看取りを経験しても、いつ呼吸が止まるか正確な時間を言い当てることはできません。

今晩が峠かと思っていても次の日の朝を迎えたり、まだ大丈夫そうだとその場を離れたときに呼吸が止まったりすることがあるのです。呼吸が止まる瞬間に立ち会おうと考えず、「いつ逝ってもいいですよ、いちばんよいときに逝ってください」と、泰然としていればよいと考えます。その前に、しっかりと感謝やお礼の言葉を本人に伝えておくと安心できるでしょう。

脈を測ったり血圧を測ったりといったことも不要です。家での看取りのよさは、こうしたものに頼らないで血圧を測るときの苦痛も与えることなく、日常の中で過ごせることにあります。いつもの夜が来て朝が来るなか、召されていくのだと思います。

Q まだ80歳代だったのに、死亡診断書に「老衰」と書かれていました。どういうことでしょうか？

A 法医学的には診断書に「老衰」と記載することは推奨されず、老化が進んで亡くなったとしても何らかの原因があるはずという法医学者の意見があります。

また、「老衰」の明確な定義はなく、平均寿命に近く「天寿《てんじゅ》をまっとうした」ということで家族の納得が得られやすいといった家族との関係性の中で、老衰という死因が使われているという見解があります。国内の傾向としては、2000年以降、老衰死数および死亡率も増加に転じており、2016年には約9万3000人が老衰で死亡したことになっています（▼図7）。今後も老衰死は増加することが予想されます。

死亡診断書（▼図8）には「死亡の原因」「Ⅰ（ア）直接死因」のところに死因が書かれるので在宅医にその診断理由を聞いてみることがよいと思います。80歳代、90歳代で死に至ったとしても、「大往生《だいおうじょう》ですね」と在宅医から言われて家族が傷ついたという話を聞きます。

家族にとっては、失った人の「年（齢）に不足はない」ということはありません。大切な家族との死別の悲しみは大切にされなければなりません。

【図7】「老衰死」数および死亡率、自宅死亡率の年次推移

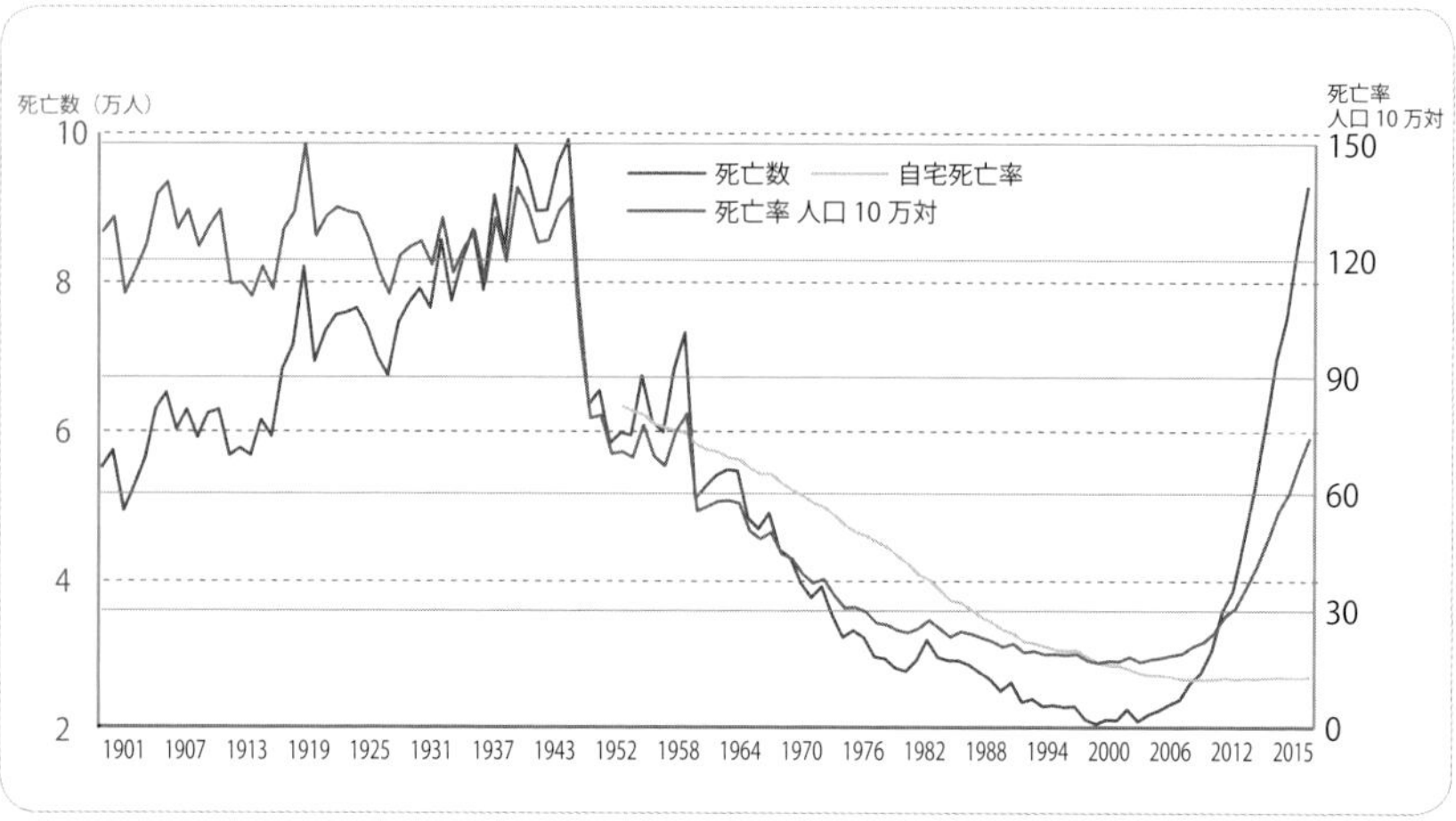

＊「人口動態調査」（平成27年）をもとに作成
注：死亡率は人口10万に対するもの

【図8】死亡診断書の書式

Iの部分に死因が記される

死亡診断書（死体検案書）

この死亡診断書（死体検案書）は、我が国の死因統計作成の資料としても用いられます。楷書で、できるだけ詳しく書いてください。

氏　名　｜　1男 2女　｜　生年月日　明治 昭和 大正 平成　年　月　日
（生まれてから30日以内に死亡したときは生まれた時刻も書いてください）　午前・午後　時　分

死亡したとき　平成　年　月　日　午前・午後　時　分

死亡したところ及びその種別
- 死亡したところの種別　1病院　2診療所　3介護医療院・介護老人保健施設　4助産所　5老人ホーム　6自宅　7その他
- 死亡したところ　番地　番　号
- （死亡したところの種別1〜5）施設の名称　（　）

死亡の原因
- I
  - （ア）直接死因
  - （イ）（ア）の原因
  - （ウ）（イ）の原因
  - （エ）（ウ）の原因
- II　直接には死因に関係しないがI欄の傷病経過に影響を及ぼした傷病名等
- 発病（発症）又は受傷から死亡までの期間
- ◆年、月、日等の単位で書いてください　ただし、1日未満の場合は、時、分等の単位で書いてください（例：1年3ヵ月、5時間20分）
- 手術　1無　2有　｛部位及び主要所見｝　手術年月日　平成 昭和　年　月　日
- 解剖　1無　2有　｛主要所見｝

◆I欄、II欄ともに疾患の終末期の状態としての心不全、呼吸不全等は書かないでください

◆I欄では、最も死亡に影響を与えた傷病名を医学的因果関係の順番で書いてください

◆I欄の傷病名の記載は各欄一つにしてください
ただし、欄が不足する場合は（エ）欄に残りを医学的因果関係の順番で書いてください

死因の種類
- 1 病死及び自然死
- 外因死
  - 不慮の外因死　｛2 交通事故　3 転倒・転落　4 溺水　5 煙、火災及び火焔による傷害　6 窒息　7 中毒　8 その他｝
  - その他及び不詳の外因死　｛9 自殺　10 他殺　11 その他及び不詳の外因｝
- 12 不詳の死

外因死の追加事項　◆伝聞又は推定情報の場合でも書いてください
- 傷害が発生したとき　平成・昭和　年　月　日　午前・午後　時　分
- 傷害が発生したところ　都道府県　市 区　郡 町村
- 傷害が発生したところの種別　1住居　2工場及び建築現場　3道路　4その他（　）
- 手段及び状況

生後1年未満で病死した場合の追加事項
- 出生時体重　グラム
- 単胎・多胎の別　1単胎　2多胎（　子中第　子）
- 妊娠週数　満　週
- 妊娠・分娩時における母体の病態又は異状　1無　2有　（　）　3不詳
- 母の生年月日　昭和 平成　年　月　日
- 前回までの妊娠の結果　出生児　人　死産児　胎（妊娠満22週以後に限る）

その他特に付言すべきことがら

上記のとおり診断（検案）する

診断（検案）年月日　平成　年　月　日

本診断書（検案書）発行年月日　平成　年　月　日

（病院、診療所、介護医療院若しくは介護老人保健施設等の名称及び所在地又は医師の住所）　番地　番　号

（氏名）　医師　印

記入の注意

- 生年月日が不詳の場合は、推定年齢をカッコを付して書いてください。
- 夜の12時は「午前0時」、昼の12時は「午後0時」と書いてください。
- 「5老人ホーム」は、養護老人ホーム、特別養護老人ホーム、軽費老人ホーム及び有料老人ホームをいいます。
- 死亡したところの種別で「3介護医療院・介護老人保健施設」を選択した場合は、施設の名称に続けて、介護医療院、介護老人保健施設の別をカッコ内に書いてください。
- 傷病名等は、日本語で書いてください。I欄では、各傷病について発病の型（例：急性）、病因（例：病原体名）、部位（例：胃噴門部がん）、性状（例：病理組織型）等もできるだけ書いてください。
- 妊娠中の死亡の場合は「妊娠満何週」、また、分娩中の死亡の場合は「妊娠満何週の分娩中」と書いてください。産後42日未満の死亡の場合は「妊娠満何週産後満何日」と書いてください。
- I欄及びII欄に関係した手術について、術式又はその診断名と関連のある所見等を書いてください。紹介状や伝聞等による情報についてもカッコを付して書いてください。
- 「2交通事故」は、事故発生からの期間にかかわらず、その事故による死亡が該当します。「5煙、火災及び火焔による傷害」は、火災による一酸化炭素中毒、窒息等も含まれます。
- 「1住居」とは、住宅、庭等をいい、老人ホーム等の居住施設は含まれません。
- 傷害がどういう状況で起こったかを具体的に書いてください。
- 妊娠週数は、最終月経、基礎体温、超音波計測等により推定し、できるだけ正確に書いてください。
- 母子健康手帳等を参考に書いてください。

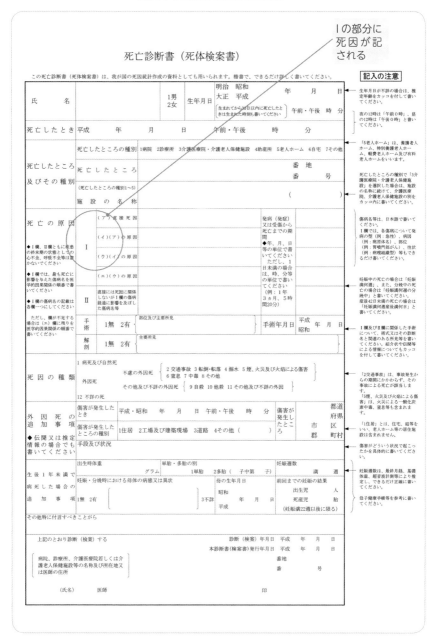

Q

看取りを終え、つらくてどうしてよいのかわかりません。どのように乗り切ればよいのでしょうか？

A

「悲しんでいると、亡くなった人は成仏《じょうぶつ》しないよ」「あなたがしっかりしないと仏様が悲しむ」などと言われ、余計気持ちが落ち込んだという話を聞くことがあります。

大切な人と死に別れる死別は、人生の体験の中でももっともつらい経験だといわれます。「こんなにつらいものだとは思わなかった」とこぼす人もいるくらいです。

「ひとりにしておいてほしい」「自由に悲しませて」という気持ちは充分尊重されなければならないし、悲しいときはそうすることが何より大切です。

もし、誰かに話がしたい場合は「遺族外来」「グリーフケア外来」といった医療機関の外来、遺族のためのカウンセリング、また遺族カフェといった自主的な集いもあります。そうしたところで打ち明けてみることも大切です。

それでも、乗り越えることができない悲しみ、癒えない悲しみがあるのだと思います。どうしようもない思いがするとき、18歳でこの世を去った少女は「天国はおつかれさまの場所でもあるから」と言いましたが（▼21ページ）、私もやがて到達するラストリゾート（Last Resort）と思うことにしています。

おわりに

2015年5月、英紙『エコノミスト』(The Economist)の特集記事のタイトルは、〝Death is inevitable. A bad death is not.〟でした。「死から逃れることはできない。しかし、悲惨な死から逃れることはできるのだ」といった意味でしょうか。

私がまだ病院で看護師をしていた頃、新聞のある投書に目が止まりました。

「妻は末期がんのため、病院に入院していました。最期のそのときは私と子どもたちで妻の手を握り、お別れすることを覚悟していました。ところが呼吸が止まりかけると、姿を見せなくなっていた医師が突如として現れました。そして、運び込まれた心電図モニターを見ながら、やせ細った妻の胸に手をあて心臓マッサージを始めたのです。私と子どもたちはベッドを取り囲む白衣の人たちの肩越しに、ギシギシと鳴るベッド上でもみくちゃにされる妻を見守るしかありませんでした。もう私たちは、家族に手をとられ静かに最期を迎えることはできないのでしょうか。」

という内容だったと記憶しています。そして日常となっていた仕事の一部が、家族に深刻な痛みを与えていたことに愕然としました。

死に至る本人が痛むから、家族が痛む、本人の痛みと家族の痛みは正比例の関係にあります。そして死に向かう命を、生にとどめようとするほど苦痛が増加するとも考えられます。したがってこうした本人と家族の苦痛に満ちた死を避けるためには、死に向かう命を生にとどめようとするより、むしろ苦痛がなく、穏やかな、本人にとって「もっともよい状態」を整えることが必要です。

これによって、悲惨な死から逃れることができると考えます。

自らの身体を戦いの場と考えるなら、治療によって病気や老いに対し自らの身体を賭けて戦い続ける選択があります。

いっぽうで、身体が負け戦《いくさ》の焦土と化す前に、徐々に治療から「撤退」する選択もあります。治らない病気や老化を前に、「降伏」することによって痛みや苦しみ、ときに悲惨となる死を避ける生き方もあるのです。

本書を書いている折、国内屈指のグローバル企業の代表取締役社長であったご高齢の紳士が、がんのため亡くなりました。

半年前、自らが終末期がんであること、副作用にみまわれる可能性がある治療をせず家族とともに過ごす「生活の質（QOL）」を重視したいことを新聞に広告し、都内の有名ホテルで生前葬をされました。「生命の長さ」を延ばすかもしれないけれども苦痛が予想される治療から撤退し、残された時間を「生命の質」優先にするという生き方を自律的に決断され、家で最期まで過ごされたのです。

自らの生き方を英断される姿勢は死を前に急造されたものではなく、常に自社の社運を賭けた決断をしてこられた生き方のうえに培われたものではなかったでしょうか。周囲の勧めに唯々諾々《いいだくだく》として従ってきた矢先、死を前に急に進路を決めるようにと言われても戸惑うことでしょう。

やはり、普段から人生をどう生きるのか考え実践する延長上で、人生の最終段階における自律的な判断も可能となるのではないかと考えます。

「生きてきたように死ぬ」と言われます。今をどう生きるのかということの連続に、死を前にした生き方がつながっています。

自らの死ぬ前までの生き方を誰かに委ねるのではなく、生命の当事者としてその最後の一滴まで生きることが、我々ひとりひとりに求められているのではないでしょうか。

さて、本書は私の拙《つたな》い知見を支えていただくため、東京都瑞穂町にある「菜の花訪問看護ステーション」の所長、隅倉芳子さん、また、神戸ホームホスピス「なごみの家」の松本京子さん、第一生命経済研究所の小谷みどりさんより、多くのご助言をいただきました。

そして、坂戸鶴ヶ島医師会在宅医療相談室長の清野恵理子さんからは、看取りに取り組む住民の苦悩や混乱についてお教えいただき、本書の内容について数々の示唆《しさ》をいただきました。

妻でケアマネジャーの幸子とは、毎週金曜日の夜、ビールを片手に高齢者の生死について議論をくり返し行ってきました。死を語る楽しい時間であり、私自身の死に至るまでの希望も伝えられたと思っています。

調査結果とその分析、またそこから得られた考察は、2018年度〜2021年度 文部科学省科学研究費助成事業・若手研究（研究課題番号：18K17623）の助成を受け実施した研究成果の一部です。

オフィスミィの編集者、橋詰恵美さんは万事行き届いたコーディネイトをしてくださいました。思う存分に執筆できたことを心から感謝しています。

2018年「地獄の釜の蓋が開いたような暑さ」の夏に

川上嘉明

●著者

川上嘉明（かわかみ よしあき）

東京有明医療大学 看護学部　看護学研究科　教授
看護師　社会福祉士　介護支援専門員
2000 年、日本社会事業大学大学院社会福祉学研究科社会福祉学専攻博士前期課程修了
2016 年、千葉大学大学院看護学研究科博士後期課程修了
病院看護師、訪問看護師、在宅介護支援センター長、特別養護老人ホーム施設長として、約 20 年の臨床経験を積み、現在は東京有明医療大学看護学部で、老年看護学を中心に教鞭をとる。著書に、『自然死を創る終末期ケア～高齢者の最期を地域で看取る』（現代社）、『穏やかに逝く～介護で支える自然な死』（環境新聞社）、『はじめてでも怖くない 自然死の看取りケア』（メディカ出版）などがある。

●執筆協力　清野恵理子（坂戸鶴ヶ島医師会　在宅医療相談室室長）
●装丁　アップライン
●イラストレーター　しおた　まこ
●編集協力・DTP　オフィスミィ

家で死んでもいいんだよ

～高齢者を家で看取るための「お別れプロジェクト」～

平成 30 年 11 月 20 日　初版発行

著　者　川上嘉明
発 行 者　東島俊一
発 行 所　株式会社 法研

〒 104-8104　東京都中央区銀座 1-10-1
販売 03（3562）7671 ／編集 03（3562）7674
http://www.sociohealth.co.jp

印刷・製本　研友社印刷株式会社

0123

小社は（株）法研を核に「SOCIO HEALTH GROUP」を構成し、相互のネットワークにより、〝社会保障及び健康に関する情報の社会的価値創造〟を事業領域としています。その一環としての小社の出版事業にご注目ください。

ISBN 978-4-86513-509-1　定価はカバーに表示してあります。